JN308093

人間不平等起源論

付「戦争法原理」

ジャン＝ジャック・ルソー
坂倉裕治 訳

講談社学術文庫

目次

凡　例

・『人間不平等起源論』（正式表題『人間たちの間の不平等の起源と根拠に関する論文』）は、巻頭に難解な祖国ジュネーヴへの献辞、序文、二部構成の本論、そしてかなり長い原注という、やや複雑な構成になっている。原注に対応する本文の当該箇所には（1）の形で番号を付した。
・ルソーは、手持ちの初版本の余白に、後の版のために加筆、訂正を手書きで書き込んでいた（この書き込み本は、現在、パリ北郊のモンモランシ市が運営するルソー記念館に隣接するルソー研究図書室の蔵書となっており、デジタル画像版をルソー記念館のサイトで閲覧することができる）。この書き込みは、死後である一七八二年に出版された『全集』で、はじめて反映された。本訳書では、［一七八二年増補：……］の形で当該箇所に挿入した。
・人名、地名、出典、ルソーの他の著作との関連について、訳注をつけた。比較的短いものは〔　〕でくくって本文中に挿入し、長めのものは＊1の形で番号を付して当該段落の末尾に置いた。
・原文がイタリック体で書かれている箇所には傍点を付し、大文字だけで記されている箇所はゴシック体で表示した。
・本訳書では、いくつかの語について便宜的な訳語を用いざるをえなかった。«constitution»は、ほぼ«nature»と同じ意味を担っている。外的要因によって変化するところに力点があり、動詞や形容詞の形でも使われる。本訳書では便宜的に「なりたち」と訳した。また、法をあらわす«droit»と«loi»を一貫性をもって訳し分けることは不可能であるため、たとえば「自然法」は訳語としては区別せず、必要と判断される箇所ではルビをふって原語の違いを示すこととした。

・本訳書には、今日では差別的とされる表現が現れる。可能なかぎり配慮して訳文を作成したものの、不充分な点が残ってしまった。歴史的価値のある文書であることを鑑み、ご理解を賜りたい。

人間不平等起源論

付「戦争法原理」

人間たちの間の不平等の起源と根拠に関する論文

ジュネーヴ市民
ジャン＝ジャック・ルソー著

人間なるものを、堕落した人々の中にではなく自然に従って行動する人々の中に、研究しなければならない。（アリストテレス『政治学』一・二）[*1]

ジュネーヴ共和国にささげる

偉大にして、きわめて敬愛すべき、
主権者のみなさま[*2]

自分の祖国から是認していただけるような敬意のしるしを祖国にささげることは、美徳をそなえた市民にのみ許されると確信して、この三十年間、みなさまに敬意を公にお示しするのにふさわしい者となれますよう努力してまいりました。私の努力の至らなかったところを一部なりとも埋め合わせられる、この幸運な機会をとらえて、おそらくは私に許可を与えてくれるに違いない法《ドロワ》よりも、私を突き動かす熱意の方を、いっそう鑑みても許されるだろうと信じたのでした。幸いにもあなたがたのもとに生まれた私が、自然によって人間たちの間に設けられた平等と、人間たちがつくりあげた不平等について瞑想するなら、いったいどうして、あの深い知恵について考えずにいることができるでしょうか。この知恵に基づいて、この国にあっては、平等と不平等が幸運にも組み合わされ、自然法《ロワ》にいちばん近く、また社会にとっていちばん都合がよいように、公の秩序と諸個人の幸福のために一致協力しているのです。政府のなりたちについて良識が命じる最善の格率を探してみると、そうした格率がことごとく、あなたがたの政府において実現されているのを見て、大変感動したのです。そのために、仮にあなたがたの街の城壁の内側で生まれなかったとしても、あらゆる国民の中でももっとも優れた政府の長所をもち、政府の悪用をもっともうまく予防してきた国民に、この人間社会の絵巻を献呈せずにはいられないと考えたことでしょう。

＊1　ルソーはラテン語訳に基づいて引用している。対応する原典は、『政治学』第一巻第五章、一二五四a。

＊2　十八世紀当時、ジュネーヴには、市民《シトワイヤン》（市内で生まれた市民または町民《ブルジョワ》の子で、選挙権と被選挙権をもつ）、町民《ブルジョワ》（市外で生まれた市民または町民の子で、選挙権をもつ）、出生民《ナティフ》（市内で生まれた住民《アビタン》の子）、住民《アビタン》（市内に居住を許された外国人）、隷属民《シュジェ》（市外の領地に住む農民や傭兵など）という身分の区別があった。この献辞は、ジュネーヴ共和国の主権を構成する市民全員にささげたものであった。しかし、当時のジュネーヴの実権は、本来の最高議決機関である全市民を構成員とする総評議会にではなく、二十五名の小評議会メンバーに握られており、ルソーが多分に理想化したジュネーヴへの称賛は、かえって、小評議会メンバーに対する皮肉と受けとられた。

自分が生まれる場所を選ばなければならないとしたら、私が選ぶのは、国土があまり広くなく、人間の能力が及ぶくらいの、すなわち、しっかりと統治することができるくらいの社会、各人がひとりで十分に自分の職務を果たすことができ、自分に託された役割を誰も他人まかせにすることを強いられない社会だったでしょう。すべての個人が互いに顔見知りで、人目を盗んだ悪徳の画策も、慎ましやかな美徳も、どちらも公衆の視線と判断から逃れられないような国家、互いに顔を合わせ、互いに知り合いであるという甘美な習慣のゆえに、祖国愛が国土への愛というより市民への愛になるような国家だったでしょう。

私が生まれたかったのは、国がもつ仕掛けのあらゆる働きがめざすのが、全員に共通の幸福以外のなにものでもないことになるように、主権者と民がもちうる利害関心が完全に一致しているような国だったでしょう。そのような国になるためには、主権者と民がひとつの同じ人格であるのでなければなりませんから、結局、私が生まれたかったのは、賢明な形で節度を保たれた民主的な政府のもとだったということになります。

私は自由に生き、死ぬことを望んだでしょう。すなわち、私もほかの誰も、法律の尊敬すべきくびきを払いのけることができないくらい、法律に従って生き、死ぬということです。この有益で甘美なくびきは、このうえなく誇り高い人たちでさえ、ほかのいかなるくびきも受け入れないかわりに、これだけはいっそう従順に身につけるものなのです。

したがって、国家の中にある者は誰ひとりとして自分が法律を超越しているなどと考えることはできず、また、国家の外にある者は誰ひとりとして、国家に法律をむりやり押しつけて承認を強いることができないように望んだでしょう。なぜなら、国家のなりたちがどのようなものであろうと、国家にあってたったひとりでも法律に従わない者がいれば、他のすべての人々は必然的に、この人の思うがままにされてしまうからです(1)。そして国の首長に加えて外国にも首長がいるなら、二人がどのような形で権力を分かち持つことができるにしても、どちらの首長にもよく従うのは不可能ですし、国家がよく統治されるのも不可能です。

どんなによい法律をそなえていたとしても、新しく設立されたばかりの共和国に住みたいとは思わなかったでしょう。さしあたり、本来そうあるべきだったろうものとは異なったなりたちをもった政府が、新しい市民たちにはふさわしくなかったり、市民たちが新しい政府にはふさわしくなかったりするために、往々にしてほとんど生まれるそばから国が揺らいだり破壊されたりするのを恐れるからです。というのも、自由には歯ごたえのある滋味豊かな食べ物や芳醇なブドウ酒とよく似たところがあって、慣れた頑丈な体質の人たちにとっては栄養にもなり、身体を強くするのにも適していますが、不向きな弱く繊細な人たちにとっては、苦しみを与え、健康を損ない、酔っぱらわせてしまうものなのです。ひとたび主人をもつことに慣れた民は、もはや主人なしではやっていけなくなってしまいます。このような民がくびきをはらいのけようとすれば、その分、自由からも遠ざかってしまいます。自由とは正反対の、とどまるところのない勝手気ままを自由と取り違えているために、このような民が起こす革命はほとんど常に、民たちをつなぐ鉄鎖をさらに重くするばかりの煽動者の手に民を委ねることになるのです。自由な民の模範となっているローマ人でさえ、タルクイニウス家〔ローマが共和政に移行する前に最後の三代の王を出した一族〕の圧政から脱したとき、自らを統治できる状態にはなかったのです。王族から課された隷属状態と屈辱的な労役のために品位を落としてしまったローマ人は、当初は愚かな下層民以外の何ものでもなく、このうえなく偉大な知恵をもって手心を加え、統治してやらなければならなかったのです。そのようにして、無気力な魂、いやむしろ僭主政治のもとで愚かになっていた魂の持ち主たちは、自由の健全な空気を呼吸することに少しずつ慣れていって、ついにはローマ人をあらゆる民の中でももっとも尊敬すべき民にした、あの厳格な習俗と誇り高い勇気を少しずつ獲得していったのです。ですから、自分の祖国として、その歴史の古さがいわば時の闇の中に消えてゆくような、その住人たちの勇気と祖国愛を示し、強固にするばかりの攻撃しか受けたことがないような、市民たちが久しく賢明な独立に慣れていて、たんに自由であるだけではなく、自由に値するものでもあるような、幸福で平穏な共和国を私は探し求めるでしょう。

幸運にも無力であるために冷酷な征服欲の対象とならずにすむような、またさらに幸運なことには地勢のおかげで他国に征服される恐れもないような祖国を私は選んだことでしょう。すなわち、いくつかの国民に囲まれていながら、そのいずれの国民も侵略することにいかなる利害関心ももたず、また、ほかの国民に侵略させずにおくことに各々の国民が利害関心をもってくれるような、自由な都市国家です。要するに、隣国の野心をそそるところがなく、必要であれば隣国の支援を期待しても分別にかなっているような共和国です。その結果、きわめて幸運な位置にあって、このような共和国は外部に何も恐れるものはないでしょうから、仮に市民たちが軍事訓練をしたとしても、それは自分たちを防衛するべく備える必要にかられたためというよりも、むしろ、自由にふさわしいばかりの、そして自由を愛する趣味を豊かにする、戦士の心意気と誇り高い勇気を市民たちが維持できるようにするためでしょう。

立法権がすべての市民たちに共有されているような国を私は探し求めたでしょう。というのも、同じひとつの社会の中で共に暮らすのに、どのような条件のもとにあるのが自分たちにとって都合がよいのかを、市民たち自身よりもよく知っている人がほかにいるでしょうか。とはいえ、私はローマ人たちの平民会決議《プレビスキトウム》のようなものは認めなかったでしょう。そこでは、国家の首長や国家の保全にもっとも利害関心をもつ人たちが、往々にして国家の存亡を左右するような討議から排除されていましたし、ばかげた無定見のせいで、一介の市民たちが享受していた諸権利を、為政者たちは奪われていたのです。

正反対に、私が望んだであろうことは次のごとくです。私利私欲にかられた考えの足らない計画、ついにアテナイ人たちを滅ぼしてしまったような危険な改革を止めるために、自分の妄想にまかせて新たな法律を提案する権利を各人がもってはならないこと。法律を提案する権利は為政者だけに属すること。為政者はこの権利を十分に慎重を期して行使し、民の側も法律に同意を与えるにあたっては特に用心深くし、法律は必ず大いに厳粛に公布されること。法律を健全で敬うべきものにしているのは、とりわけその歴史の長さであり、毎日のように改正されるのを目にすれば、民はいずれ法律を軽蔑するようになり、古くから伝わる慣習を、よりよくするのだという口実のもとにないがしろにするのに慣れてしまって、往々にして、取るに足らない悪を正すのとひきかえに、重大な悪が招き入れられてしまうものなのだということを確信するために十分な時間が、国家のなりたちが揺らぐ前に与えられること。

為政者などなくてもよいとか、為政者にはかりそめの権力だけもたせればよいなどと民が考え、政務の管理や法律の執行を、軽率にも民が手中に残したままであるような共和国については、必然的によく統治されませんから、私は特に避けたことでしょう。自然状態から抜け出たばかりの初期の政府の粗野ななりたちは、そのようなものだったに違いありません。アテナイ人たちの共和国を滅ぼした欠陥のひとつもまた、このようなものだったのです。

諸個人が法律に承認を与え、首長の報告に基づいてもっとも重要な国事について集団として決定を下すことで満足するような共和国、確立された法廷が尊重され、さまざまな管轄が入念に区別されているような共和国、毎年毎年、同胞市民たちの中からもっとも有能でもっとも廉潔な者たちを選出して、裁判を管理させ、国家を統治させるような共和国、このようにして、為政者たちの美徳が民の知恵の証明となり、為政者と民がお互いに尊敬し合うような共和国を、私は選んだことでしょう。このようにすれば、万が一にも不吉な誤解のために国の和合が乱されるようなことがあったとしても、この無分別と誤謬のときにあってさえ、節度とお互いへの尊敬と法律への一致共通した敬意の証拠がはっきりと示されるでしょう。これこそが、真摯で永続的な和合の前ぶれであり、またそれを保証するものなのです。

このようなものが、偉大にして、きわめて敬愛すべき、主権者のみなさま、私が自分のために選ぶであろう祖国に求める長所なのです。そのうえ、神慮が魅力ある地勢、穏やかな気候、肥沃な土地、地上でもっとも心地よい景色を加えてくださるなら、この幸せな祖国のただなかにあって、こうした幸福のすべてを享受することさえできれば、これにまさる幸せはないでしょう。同胞市民たちとともにこの甘美な社会の中で静かに暮らし、同胞市民たちにならって人間愛と友情とあらゆる美徳を同胞市民たちに対して実践して、私が死んだ後にはひとりの善人、ひとりの誠実で有徳な愛国者の名誉ある記憶を残していくでしょう。

同じような幸福に恵まれなかったのか、知恵をつけるのが遅すぎたのか、若気のあやまちのために軽率にも自らなくしてしまった安息と平和をかいなく悔やみながら、異国の地で病弱で力なく生涯を終えるしかないのだとしても〔ルソーは十六歳のとき、祖国ジュネーヴを捨ててフランスに移住した〕、せめて、私の魂の中で、私の国では生かせなかった感情を育み、はるかかなたの同胞市民たちに対する優しく無私無欲な愛情にひたって、心の奥底から、同胞市民たちにおおよそ次のように語りかけてみることでしょう。

「わがいとしの同胞市民たちよ、あるいはむしろ兄弟たちよ。というのも、血のつながりが、法律と同じように、私たちほとんどすべてを結びつけているのですから。あなたがたのことを考えると、あなたがたが享受しているあらゆる幸福のことも考えずにはいられないのは、私にとって甘美なことです。おそらくは、あなたがたのうちの誰ひとりとして、これらの幸福を失ってしまった私以上に、その価値を感じることはありますまい。あなたがたが置かれている政治的・社会的状況について考えれば考えるほど、さらによい状況がもたらされる可能性など、人間にかかわることがらの本性からして、ますます想像できなくなります。

ほかのあらゆる政府のもとでは、国家の最大の幸福を保証することを論じるとき、いずれも頭の中で考えられただけの計画にとどまっているのが、あるいは、せいぜいのところ単なる可能性の域にとどまっているのが常です。あなたがたにとっては、あなたがたの幸福はすっかりできあがっているので、ただ幸福を享受するだけでよいのです。完全に幸福になるために必要なことといえば、もはや、幸せであることに満足する術を知ることだけです。あなたがたの主権は、武力に訴えて獲得され、回復されたもので、勇猛さと知恵によって二世紀にわたって保全され、ついに、完全に、広く万人から認められるようになっています。名誉ある条約があなたがたの国土の境界を定め、あなたがたの権利を保証し、あなたがたの安息を確実なものにしています。[*3] あなたがたの国のなりたちは、このうえなく崇高な理性が命じたみごとなもので、尊敬すべき友好的な諸国によって保証されています。あなたがたの国は平和で、戦争も征服者も恐れる必要がありません。あなたがたは、自ら制定した賢明な法律のほかには主人などもたず、その法律もあなたがたが自ら選んだ清廉な為政者たちが管理しています。あなたがたは、悦楽にひたって無気力になったり、虚しい享楽にふけって真の幸福と確固たる美徳に対する趣味を失ったりしてしまうほど富んでいませんし、自らの勤勉によって手に入れられるものでは足りずに外国に援助を求めなければならないほど貧しくもありません。この貴重な自由を維持するには、大国では途方もない税金を課さざるをえないのに、あなたがたはほとんどまったく出費もなしにこれを保全しておられるのです。

＊3　ジュネーヴは、ローマ帝国に服属する都市として栄え、西ローマ帝国の滅亡後は、フランク王国の支配下にあって五世紀には司教座が置かれた。カロリング朝が滅ぶと、ブルグント王国に、ついで一〇三二年以降は神聖ローマ帝国に属した。都市の支配権をめぐっては、領主ジュネーヴ伯と司教の争いが長期にわたって続き、一一二四年にヴィエンヌ大司教の調停により、司教が都市領主として君臨することになった。十三世紀後半には、サヴォワ家が介入して司教と争った。司教は一三八七年に自由特許状を与えて一定の自治権を市民たちに認めた。しかし、一四〇一年、ジュネーヴ伯の所領を継承したサヴォワ家は、司教の職にもあいついで同家の者をつけたため、都市の自治は脅かされた。一五三三年に司教がジュネーヴの支配権をサヴォワ家に譲渡しようとすると、市民たちは蜂起して司教を追放した。十六世紀にはカルヴァンの神権政治によって、ジュネーヴの独立が事実上確実になった。しかし、プロテスタントの都市国家となったジュネーヴは、カトリックを信奉する諸州の反対によって、スイス連邦への加入を許されなかった。十七世紀初頭に大規模な介入に失敗したサヴォワ家は、サン＝ジュリアンの平和協定（一六〇三年）によって、ジュネーヴ共和国の独立を承認した。以後、本書が書かれるまでに、「栄えある調停」（一七三八年）、フランス王国との国境を定めたパリ条約（一七四九年）、サルデーニャ王国との国境を定めたトリノ条約（一七五四年）といった条約が、ジュネーヴの独立をさらに確実なものにした。

これほどまでに賢明で幸福なりたちをもった共和国が、その市民たちの幸福のために、また他の国民たちの模範となるように、永遠に続かんことを！　これこそが、あなたがたになお祈念すべく残された唯一の願いであり、なお講ずるべくあなたがたに残された唯一の配慮です。あなたがたのご先祖さまのおかげで、あなたがたが幸福を自ら手に入れる労は省かれていますが、これから先、この幸福をうまく用いる知恵によって長続きするものにしていくのは、もっぱらあなたがたの肩にかかっているのです。あなたがたの結束が不滅であること、あなたがたが法律に従うこと、あなたがたが法律の執行者たちを尊重すること、こうしたことにこそ、あなたがたが保全されるかいなかがかかっているのです。よもや、あなたがたの間に敵意や不信感の芽がほんのわずかでも残っているのであれば、遅かれ早かれあなたがたの不幸と国家の破滅をもたらす不吉な種とみなして、ただちにこの芽を摘みとってください。どうかお願いですから、あなたがたみなさんが、ご自分の心の奥底へとたちかえり、ご自分の良心のひそかな声に耳をかたむけてください。あなたがたの為政者集団にもまして廉潔で、聡明で、尊敬すべき集団がこの世界にあるのを知っているような人が、あなたがたの中におられるでしょうか。為政者のみなさんは誰もが、節度と、純真な品性と、法律に対する敬意と、このうえなく真摯な和合について、あなたがたに模範を示しているのではないでしょうか。ですから、これほど賢明な指導者たちに対しては、理性が美徳に示すべき有益な信頼を無条件にささげてください。どうぞお考えになってください。この方たちを選んだのはあなたがたですし、この方たちは選択が正当であることを証明しています。あなたがたが高官の地位に任じた方たちにささげるべき名誉は、必然的に、あなたがたご自身へと戻ってくるものです。法律の効力と法律の守護者たちの権力がなくなるところでは、何人《なんぴと》も安全も自由ももちえないことを知らないほど聡明さを欠いた人は、あなたがたの中にひとりとしてありますまい。ですから、真の利益から、義務から、そして理性にかなうために、なすことが常に強いられるであろうことを、喜んで、正当な信頼をもって行うことのほかに、いったい何があなたがたの間で重要になるというのでしょう。国家のなりたちを維持することに無関心なのは非難すべき有害なことですから、あなたがたの間でもっとも聡明でもっとも熱意ある人たちの賢明な意見を、必要なときに、あなたがたがないがしろにするなどということが決してないように願います。公平さ、節度、このうえなく尊敬すべき揺るぎない態度が、あなたがたのあらゆる行動を律して、全世界に対して、誇り高く節度があり、自由と同じように栄光を熱望する国民の模範を体現して示してくださるように願います。とりわけ、これが私の最後の忠告となりますが、往々にして目的となっている行為そのものよりもさらに危険な動機を隠し持っているような、悪意のある演出や下心のある演説には、決して耳をかたむけないように注意してください。泥棒が近づいてきたときにしか決して吠えない利口で忠実な番犬がひとたび吠えれば、家中の者が目を覚まして警戒するものです。しかし、休むことなく安息をかき乱し、たえず場違いな警告をするせいで、ほんとうに必要なときにも聞いてもらえないような、しつこい動物たちは嫌われ者なのです」。

さて、偉大にして、きわめて敬愛すべき、主権者のみなさま、自由な民の立派で尊敬すべき為政者のみなさま、どうか、私の賛辞と私の義務をみなさまに差し向かいでささげることをお許しください。この世界に、担っている人たちの名を輝かせるのにふさわしい地位があるとすれば、それは疑いもなく、才能と美徳によって与えられる地位、あなたがたが自らにふさわしいものとされた地位、あなたがたの同胞市民たちがあなたがたに昇らせた地位です。あなたがたの同胞市民たち自身の価値が、あなたがたの価値に新たな輝きを付け加えています。ほかの人たちを統治する能力のある人間たちによって、この人間たち自身を統治するように選ばれたのですから、あなたがたは他の為政者たちよりも高いところにおられると思うのです。それはちょうど、自由な民が、とりわけあなたがたが導く名誉をお持ちの民が、自らの知識と理性によって他の国家の民衆よりも高いところにあるのと同じです。

実例をひとつとりあげるのをお許しください。この実例については、さらに深く記憶にとどめられてしかるべきでしょうし、私の心の中では永遠にまぶたに浮かび続けることでしょう。私に生命を与え、私が子供だったころ、あなたがたに払うべき尊敬についてたびたび語ってくれた、ひとりの有徳な市民の記憶を思い起こすと、このうえなく甘美な感動を覚えずにはいられません。自分の手で働いて生活し、このうえなく崇高な真理で魂を豊かにしていた父の姿が今でも目に浮かびます。父の前には、仕事道具とならんで、タキトゥスやプルタルコスやグロティウスの著作が見えます。父のかたわらには、愛されている息子がこのうえなく立派な父親から愛情のこもった手引きを受けているのが見えます。そこからこの息子が引き出した果実はあまりにもわずかでした。無分別な若気のあやまちのためにこれほど賢明な教訓をしばらくの間忘れてしまったのですが、ついに私は、悪徳に向かう傾向がどれほど人にあるとしても、心のこもった教育が永遠に無駄になったままになることはまずあるまいと、幸いにも感じているのです。[*4]

＊4　ここでルソーは父親を極端に理想化して描く一方、自分自身への否定的な評価を添えることで、自分

が受けた教育が失敗だったことを暗に示している。『エミール』で、理想的な存在と仮定された家庭教師によって子供に与えられる教育は、ルソーが父親から受けた教育と対照的であることが少なくない。

このように、偉大にして、きわめて敬愛すべき、主権者のみなさま、あなたがたが統治している国家に生まれた市民たちは、そしてたんなる住民たちでさえも、生きているのです。このように、教養と良識をそなえた人間たちは生きているのです。職人とか民衆と呼ばれる人たちについては、ほかの国民たちのもとにあっては、卑しく間違った観念がまかり通っているのですが。喜んで認めますが、私の父は、同胞市民たちの間で抜きんでていたわけではありません。父は同胞市民たちと同じように生きていたにすぎないのです。そして、父がこのように生きていれば、どこへ行っても、このうえなく誠実な人々から交際を求められ、教養を培い、実りも豊かでなかった、などという国はほかにあろうはずがないのです。このような人間たちが、あなたがたに期待してもよいであろう敬意について語ることは、私の任ではありませんし、天の恵みのおかげでその必要もありません。この人たちは、教育によっても、生まれながらの自然法《ドロワ》によってもあなたがたと対等で、自分たちの意志で、またあなたがたの長所に鑑みて、当然あなたがたを優先させるべきであるために、あなたがたよりも下位に置かれたのです。実際、この人たちはあなたがたの長所を優先したのですから、あなたがたの方でも、この人たちに対してある種の感謝を示してしかるべきです。あなたがたが厳粛であることは法律の執行者として適切ですが、それをこの人たちに対して、どれほどの優しさと心づかいで、和らげておられるのかを知って、また、この人たちがあなたがたに示すべき服従と尊敬に対して、あなたがたがどれほど尊重し、注意を向けているかをこの人たちに示されているのを知って、私はとても喜ばしく思います。このような正義と知恵にみちたふるまいは、二度と決して起こることがないように、忘れてしまわなければならない不幸な出来事[*5]の記憶をしだいに追い払うのにふさわしいものです。このふるまいは、公正で寛大な民が自らの義務を喜びとしているだけに、また、この民が生来好んであなたがたの栄誉を讃えているだけに、このうえなく激しく自分たちの権利を主張する人たちこそがまさに、いちばん率先してあなたがたの権利を尊重しようとするだけに、いっそう分別にかなっているのです。

＊5　ここでルソーが暗示しているのは、一七三四年に課税をめぐって生じた内乱状態である。収拾される前年の一七三七年、父親の遺産を相続するためにジュネーヴに一時帰国したルソーは、実の親と子が武器をもって戦うのを目の当たりにした。この内乱状態について、ルソーは『山からの手紙』（「第七の手紙」）でとりあげている。

政治社会の指導者が、その社会の栄光と幸福を愛するのは驚くべきことではありません。しかしながら、自らを地上の祖国よりもさらに健全で崇高な祖国の為政者と、あるいはむしろ主人とみなしている人たちが、自分たちを養っている地上の祖国に対してなにがしかの愛を示しているのは、人間たちの安息のためにも、大いに驚くべきことです。法律によって認可された神聖な教義の熱意ある受託者たちを私たちの国の最良の市民の地位に置くことができることは、このようなきわめてまれな例外を私たちの国の利点にできることは、私にとってなんと甘美なことでしょう。この尊敬すべき魂の導き手たち〔牧師たち〕はいつでも、自ら率先して福音書の格率を実践しているだけに、その生き生きとした甘美な説教は、いっそうしっかりと人々の心の中に福音書の格率を刻みつけることができるのです。ジュネーヴで培われた説教壇で用いられる偉大な技巧[*6]が、どれほど成功をおさめているか、万人が知っています。ところが、口で話すことと実際に行うことが別様なのを見るのに慣れすぎてしまったために、キリスト教の精神、健全な品性、自分自身に対する厳格さと他人に対する優しさが、いったいどこまで私たちの国の牧師たちの団体に行き渡っているのかを知る外国の者は、ほとんどおりません。神学者たちと文人たちがこれほどまでに完全に一致してひとつの団体をつくりあげている模範的な実例[*7]を示しているのは、おそらくジュネーヴ市だけに見られることです。よく知られたこの人たちの知恵と節度こそ、国家の繁栄を願うこの人たちの熱意こそ、この国家の恒久平和への希望を託せる最大の根拠であると私はみなしているのです。歴史が一度ならず実例を示しているように、神の法を語ってその実、自分たちの利害を要求し、自分たちの血は常に尊重されているなどとうぬぼれているだけに、他の人間の血をいくらでも流させた、あの野蛮な聖職者たちのおぞましい格率を、私たちの国の牧師たちがどれほど恐れていたのかを認めて、私は驚きと尊敬のまざった喜びを覚えます。

＊6　ジュネーヴでは、牧師だけではなく一般市民も説教する機会を与えられた。
＊7　一五五九年にカルヴァンが創設したアカデミーを指す。一八七二年には医学部の設置とともに大学となった。ジュネーヴ大学は、現在フランス語圏スイス最大の規模を誇る大学である。

共和国の大切な半分を忘れることができるでしょうか。残りの半分を幸福にし、優しさと知恵で共和国の平和と良き習俗を維持しているのですから。愛すべき有徳な女性市民たちよ。あなたがた女性は、永遠に私たち男性を統御する運命にあるでしょう。あなたがたの清らかな権力が、夫婦の結合の中でのみ行使され、国家の栄光と公の幸福に役立つためにだけ意識されるとすれば、なんと幸いなことでしょう。まさにこのようにして、スパルタでは女性たちが命令していたのですし、まさにこのようにして、あなたがたはジュネーヴで命令するに値するのです。いったいどれほど野蛮な男性なら、優しい妻の口から発せられる名誉と理性の声にあらがえるというのでしょう。いったい誰が、あなたがたの質素で慎ましやかな装いを目の前にしながら、むなしいぜいたくを軽蔑しないでいられるでしょう。このような装いは、ご自身の輝きが際立つだけに、美しい方々にこのうえなく都合がよいように思われます。優しく汚れのない支配によって、心に染み込む才知によって、この国家の中に法律への愛を維持し、市民たちの間に和合を維持するのは、仲たがいしている家族を幸福な結婚によって結び合わせるのは、そしてとりわけ、説得力のある優しい説教と優美で慎ましやかな会話によって、我が国の若者たちが外国で身につけてきた悪癖を矯正するのは、ほかならぬあなたがたなのです。外国で若者たちが、機会をうまく活かせば有益なことがいくらでもあるというのに、持ち帰ることといえば、堕落した女性たちのもとで身につけてきた幼稚な口ぶりと滑稽な態度、わけのわからない偉大さとやらへの讃美だけです。隷属に対する埋め合わせとしてはたわいもないもので、失った堂々たる自由に匹敵する価値など断じてないものです。どうか永遠に、いまあなたがたがそうであるがままで、習俗、平和という甘美な絆の清らかな守護者であってください。どうかあらゆる機会をとらえて、義務と美徳のためになるように、心と自然に基づいた権利を行使し続けてください。

これまで述べて参りましたような保証を根拠としまして、私は市民たちに共通の幸福と共和国の栄光に希望をもっております。この希望がなんらかの出来事によって裏切られることはあるまいと期待しております。なるほどたしかに、これほどの長所をもちながら、この共和国が、大多数の人々の目をくらませるような鮮やかな輝きを放っているわけではありません。このような輝きを求める幼稚で不吉な趣味は、幸福と自由にとって、このうえなく致命的な敵なのです。放埒な若者は、簡単に手に入る快楽をよそに探しに行って、長い間後悔すればよいのです。趣味人を気取る人たちは、別の場所で、壮大な宮殿や、美しい調度品や、壮麗な家具や、荘厳な芝居や、ありとあらゆる柔弱でぜいたくで洗練されたものを称賛すればよいのです。ジュネーヴには、人間たちしか見つからないでしょう。けれども、その光景には確かな価値があります。この価値を探し求める人たちには、ほかのものを称賛する人たちに劣らず、値打ちがあるといってよいでしょう。

どうか、偉大にして、きわめて敬愛すべき、主権者のみなさま、あなたがたみなさんの繁栄に私が関心を抱いていることの、敬意のこもった証を、快くお受け取りくださいますようお願いいたします。私の心情を激しく吐露するあまり、慎みを欠いた激情にかられて、不幸にも罪を犯したとすれば、真の愛国者の優しい愛情に免じて、あなたがたみなさんが幸福であられるのを見ることが自分にとってなによりの幸せと考えるひとりの男の激しく正当な熱意に免じて、お許しくださるようにお願いいたします。

このうえなく深い尊敬をこめて。

偉大にして、きわめて敬愛すべき、
主権者のみなさま

あなたがたのきわめて慎ましやかできわめて従順なる
下僕《しもべ》であるとともに同胞市民たる

ジャン＝ジャック・ルソー

シャンベリーにて　一七五四年六月十二日

序　文

およそ人間がもつ知識の中で、もっとも有益でありながら、もっともたちおくれているのが、人間に関する知識であると思われる。(2) デルポイの神殿の銘文〔「汝自身を知れ」〕ひとつをとっても、道徳論者たちのどんな分厚い書物よりも、いっそう重要でいっそう実現困難な教訓を含んでいたのだと、あえていってしまおう。したがって、この論文の主題は、およそ哲学が提起しうるもっとも興味深い課題であるとともに、私たちにとって不幸なことに、哲学が解決しうるもっとも厄介な課題だと考える。というのも、そもそも人間たちとはいかなるものであるのかを認識することから始めるのでなければ、いったいどうやって人間たちの間にある不平等の源泉を認識できるだろうか。時間と事物の移り変わりが人間の本源的なりたちにもたらしたに違いないあらゆる変化を透かしてみながら、自然がつくったままの人間の姿をみきわめるなどということが、いったいどうしたらできるだろうか。人間の置かれた状況や人間自身の進歩によって人間の原初的状態に後から付け加えられたものや変化を被ったものと、人間の本質に由来するものとを、いったいどうしたら区別できるだろうか。時間と海と嵐のためにあまりに姿形が変わってしまったために、もはや神というよりも猛獣さながらになってしまったグラウコス*8の立像にも似て、人間の魂は社会のただなかにあって変質してしまった。たえず生まれてくる無数の理由によって、膨大な知識と誤謬を獲得することによって、身体のなりたちにもたらされた変化によって、さまざまな情念のたえまない衝突によって、人間の魂は、ほとんどそれと見分けがつかないほど相貌を変えてしまったのである。もはや、常に確固たる揺るぎない原理原則によって行動する存在、その作り手が刻み込んだ神々しく荘重な素朴さは認められない。残されたのは、理性を働かせているつもりの情念と錯乱した悟性とが対立している異様な姿にすぎない。

＊8　ギリシア神話に登場する醜い海神になった漁師。プラトン『国家』第一〇巻、六一一Dでは、肉体と結合して堕落した人間の魂が、グラウコスにたとえられている。

さらに耐えがたいことに、あまねく人類の進歩はたえず人間をその原初的状態から遠ざけており、私たちが新しい知識を獲得すればするほど、何よりも大切な知識を獲得する手段を自ら手放してしまうことになる。ある意味で、人間を大いに研究したがゆえに、私たちは人間を認識できなくなってしまっているのである。

人間のなりたちがつぎつぎに被ったこの変化の中にこそ、人間たちに差別を持ち込んだ差異の最初の起源を求めるべきであることは容易にわかる。一般に認められているように、人間たちは自然にかなったあり方ではお互いに平等である。さまざまな物理的原因がはっきりとした変種を生じさせるまでは、それぞれの種に属する動物たちが平等だったのとまったく同じである。たしかに、この最初の変化がどのような方法でもたらされたにせよ、その種に属するすべての個体をいっせいに、また一様に変質させることがあったなどとは考えられない。己の本性に固有ではないさまざまな善い資質や悪い資質を獲得することによって、完成に向かった個体もあれば、損なわれた個体もあっただろう。あるいは、原初的な状態のままとどまった個体もあっただろう。これが、人間たちの間にあって、不平等の最初の源泉であった。このように一般論として証明することの方が、真の原因を精密に特定することよりもたやすいのである。

読者たちよ、私自身、理解することが難しいと思っていることを、理解したとうぬぼれているのだなどと思わないでいただきたい。私はいくらか推論を始めてみた。思い切っていくらか推測を交えさえしたけれども、それは問題を解決できるという希望からではなく、問題の所在を明らかにして、問題を本来の状態へと引き戻そうという意図を込めてのことであった。同じ道筋を、他の人たちはもっと遠くまで楽々と進むかもしれないけれども、終着点にまでたどり着くのは誰にとってもたやすいことではない。というのも、現状の人間本性のうちに原初的なものと人為的なものとを見分けようと企てること、現在もはや存在せず、おそらくは過去にも存在したことがなく、たぶん未来にあっても存在することはないであろうひとつの状態、それにもかかわらず、それについて正しい観念をもつことが私たちの現在の状態についてしっかりと判断するために不可欠であるようなひとつの状態をしっかり知ろうと企てるのは、軽々しいことではないからである。この点について、しっかりした観察を行うために払うべき配慮がどのようなものかを正確にみきわめるには、ふつう考えられている以上の哲学さえ必要となるだろう。次の問いに正解を与えることは、当代のアリストテレスやプリニウス〔Gaius Prinius Secundus（二三—七九年）。大プリニウス。古代ローマの博物学者〕のような人たちにこそふさわしいと思われる。「自然にかなった人間を認識するにいたるには、どのような実験が必要なのか。それらの実験を社会のただなかで行う手段とはどのようなものか」。この問題の解決を企てるにははるかに及ばないものの、私はこの主題について十分に瞑想したと考えているので、次のように答えておいてよいと思う。このうえなく偉大な哲学者たちでさえ、これらの実験を指導できるほど優れているわけではないし、このうえない権力をもった君主たちでさえ、これらの実験を行えるほど優れているわけではない。両者が協力すること、それも、成功するために双方に必要な忍耐、というよりもむしろ知恵と善意を持ち続けて協力することを期待するのは、分別を欠いているといえよう。

これほど実行が困難で、これまでほとんど考えられることのなかった研究こそが、人間社会のほんとうの基礎を認識するのを妨げている数多くの困難を取り除くために、私たちに残されている唯一の手段なのである。自然法《ドロワ》に真の定義を与えようとしても、あれほど不正確で曖昧になってしまうのは、このように人間本性について無知なままでいるからである。「法の観念は、とりわけ自然法の観念は、明らかに人間本性とかかわりのある観念である。したがって、人間本性から、人間のなりたちから、人間の置かれた状態から、この学問の原理を導き出さなければならない」とビュルラマキ氏[*9]も述べている。

＊9　ビュルラマキ『自然法原理』第一部第一章第二節。ビュルラマキ（Jean-Jacques Burlamaqui）（一六九四—一七四八年）はジュネーヴ大学教授で、プーフェンドルフ（Samuel von Pufendorf）（一六三二—九四年）。近代自然法学派を代表する法学者。ハイデルベルク大学教授）の著作をフランス語に訳した法学者。『人間不平等起源論』で用いられるいくつかの重要概念には、プーフェンドルフやビュルラマキの著作の影響が顕著である。

　この重要な題材を扱ったさまざまな著述家たちの間に意見の一致がほとんど見られないことに、驚きと憤りを覚えずにはいられまい。このうえなくまじめな著述家たちの間で、この点について同じ意見の人は二人と見つからない。このうえなく基本的な原理についてさえ、わざわざお互いに異論を唱えるようにつとめていたらしい古代の哲学者たちについては語らないでおこう。ローマの法学者たちは、人間も他の動物も区別なく、同じ自然法《ロワ》に従うものとみなしている。というのも、この語を自然が命じる法ではなく、自然が自らに課している法則と理解しているからである。というよりもむしろ、法《ロワ》という語の理解に法学者たちが特殊な解釈を持ち込んでいるのが原因で、あらゆる生物の共通の保全のためにあらゆる生物間に自然がうちたてた一般的な関係を示すために、法という語を用いているようである。現代の法学者たちは、法の名のもとに、道徳的な存在、すなわち、知性をもち、自由で、他の存在との関係の中で考えられた存在に課される規則だけを認める。したがって、自然法の適用範囲を、理性を備えた動物、すなわち人間だけに限定している。ところが、各人がそれぞれ自己流にこの法を定義して、誰もがあまりにも形而上学的な原理のうえにこの法をうちたてるので、私たち現代人とて、こうした原理を理解できる者はほとんどいないし、まして、こうした原理を自ら発見することなどとうていできまい。このように、博識な人たちの定義はみな、つきることなく互いに異論を唱え合うけれども、ただ一点で一致している。すなわち、きわめて偉大な推論家で深遠な形而上学者でもなければ、自然法を理解することは、したがってこの法に従うことはできない、というのである。このようなもののいいはまさに、社会のただなかにあってさえ多くの苦労の末にほんの一握りの人たちだけが発達させられる知恵を、当の社会をうちたてるために用いなければならなかった、などといっているに等しい。

こんなふうに自然というものをほとんどなにも認識しておらず、「法《ロワ》」という語の意味についてもほとんど同意することがないのだから、自然法をしっかり定義しようにも、一致を見るのはきわめて難しいだろう。したがって、書物の中に認められるこの語の定義はみな、一様でないという欠点に加えて、自然にかなった状態では人間たちがまったくもっていなかったいくらかの知識と、自然状態の外に出てからでなければ人間たちが考えつけなかったはずの資質から引き出されているという欠点をもっている。共通の実利のために人間たちの間で合意しておくと都合がよいと思われる規則を探すことから始めて、そうした規則を集めたものに自然法という名を与えてしまう。それらの規則を一般的に施行してみたときに得られる利益のほかには、なんら証拠となるものはない。まことに、定義をあれこれでっちあげては、ほとんど恣意的な便宜によって事物の本性を説明する、手前勝手なやり方である。

　しかし、自然にかなった人間というものを私たちが知らない限り、この人間が受け入れた法、この人間のなりたちにもっともふさわしい法を見定めようとしてもむだである。この法については、次のことだけははっきりわかる。すなわち、それが法であるためには、その強制を受ける者の意志が承知のうえで服従しうるのでなければならないし、それが自然にかなっているためには、自然の声で直接的に語りかけてくるのでなければならないのである。

　現在までにつくりあげられた姿で人間たちを見ることしか教えてくれない学者たちの本はすべて放っておこう。人間の魂の最初の、もっとも単純な作用について瞑想してみると、そこには理性に先立つ二つの原理が認められるように思われる。ひとつは、私たち自身の安寧と保全に火のような関心をもたせるものであり、いまひとつは、およそ感覚をもった存在が、とりわけ自分の同類たちが、死んだり苦しんだりするのを見ることに対して、自然にかなった嫌悪をかきたてるものである。社交性の原理などもちだす必要もなく、私たちの精神がこの二つの原理を協力させたり組み合わせたりすることによって、自然法《ドロワ》のあらゆる規則が引き出される。後に理性がその継続的な発達によってついには自然を窒息させてしまうと、理性はこれらの規則を別の基礎のうえに立て直さなければならなくなる。

　このように考えてみると、人間を人間にするのに先立って、人間を哲学者にする必要など少しもない。他人に対する人間の義務は、ゆっくりと知恵がもたらす教訓によってのみ命じられるわけではない。惻隠《そくいん》の情という内なる衝動に逆らうことがなければ、他人に対して、また人間ではなくとも、およそものを感じることができるすべての存在に対してさえ、決して害を加えることはないだろう。ただし、自分の保全がかかわっていて、他のものよりも自分を優先させざるをえない正当な場合は例外である。このようにすれば、さまざまな動物もまた自然法《ロワ》にかかわるのかどうか、という昔からある論争にも決着をつけることができる。というのも、知恵と自由を欠いている動物がこの法を認識できないのは明らかだからである。しかし、動物はものを感じ取ることができるということによっていくらか私たちの本性とつながりをもっているのだから、動物も自然法《ドロワ》にかかわりをもっているに違いないと判断できようし、人間は動物に対して何らかの義務を負っているに違いないと判断できよう。たしかに、私が自分の同類にいかなる悪も加えてはならないのは、理性を備えた存在だからという以上に、ものを感じることができる存在だからなのだと思われる。このものを感じることができるという資質は獣《けもの》と人間に共通のものだから、人間から不必要に虐待されない権利が獣に与えられてしかるべきである。

この本源的人間の研究、その真の欲求と義務の基本原理の研究こそ、道徳的不平等、政治体の真の基礎、政治体の構成員相互間の義務、それに類するそのほかの無数の問題を扱おうとするときにたちあらわれるたくさんの困難を取り除くために、用いることのできる唯一の有効な方法である。

人間社会を冷静で利害にとらわれない目で見れば、なによりもまず、強者による暴力と弱者に対する抑圧しか見えない。精神は強者の冷酷さに憤りを覚え、弱者の無知を嘆かずにはいられない。人間たちの間にあって、往々にして知恵ではなく偶然がつくりだした、強さと弱さ、豊かさと貧しさなどと呼ばれている外見的な関係ほど不安定なものはなにもないのだから、人間がつくりだした諸々の制度は、一見して、流砂の山のうえに立っているとしか思えない。じっくり検討してみてはじめて、建物のまわりの埃や砂を取り除いてみてはじめて、建物の揺るぎない土台が見えるようになってから、その土台を尊重すべきであることを学ぶのである。ところで、人間を、人間の自然にかなった能力を、人間の能力が次々に発達していくさまを、真剣に研究してみなければ、このような区別をすることはできないだろうし、事物の現在のなりたちの中で神の意志がおつくりになったものと、人間の技術がつくったといいはっているものとを峻別することはできないだろう。それゆえ、本書で検討する重要な問題が求める政治的道徳的研究は、いずれにせよ有益である。さまざまな統治についての仮説的な歴史は、人間にとってあらゆる点で有益な教訓を含んでいる。自分たちだけでうち捨て置かれたらどうなっていたかと考えてみるとき、その慈悲深い御手によって私たちの制度をただし、揺るぎない基盤を与え、生じていたはずの無秩序を未然に防いでくださり、まさに私たちを悲惨きわまりないものにしたに違いない手段そのものによって、私たちの幸福を生み出し賜うた存在を祝福することを学ぶに違いない。

神は汝に、何になれと命じ賜うたか、また汝に人間界でいかなる位置を占めよと命じ賜うたかを学ぶがよい。[*10]

*10　ペルシウス『諷刺詩集』三・七一―七三行。

注に関するただし書き

休み休み仕事をするという怠惰な習慣から、この作品にいくつかの注を加えた。これらの注は、ときに本筋から大きくはずれているので、本文と一緒に読むのには適さない。本論についてはできる限り道を外れないようにして、注は本論の後に置いた。一度読み終えてもう一度挑戦しようという読者は、二度目には道草を食いながら注に目を通してみてもよいだろう。そうでない読者は、注をまったく読まなくても、ほとんど不都合はないだろう。

ディジョン・アカデミーによって提出された論題

人間たちの間にある不平等の起源はなんであるか、また、それは自然法《ロワ》によって是認されるか。

人間たちの間の不平等の起源と根拠に関する論文

私が語らなければならないのは、人間についてである。そして、ここで検討する課題そのものが、私が腹を割って語ることになろうと予告している。というのも、真理を尊重することに恐れるところがあるのなら、このような課題を提起するはずはないからである。そこで、この機会を与えてくださった賢者たちの前で、私は自信をもって人類を弁護したい。この課題と審査員のみなさまに値する人間になれるのなら、私にとってそれに勝る喜びはない。

人類には二種類の不平等があると私は考える。第一は、自然にかなった、または身体的《フィジック》な不平等と私が名づけたものである。この不平等は自然によってうちたてられたもので、年齢、健康状態、体力、精神、魂の資質の差異に見られる。第二は道徳的《モラル》または政治的な不平等と呼びうるもので、ある種の約束に基づいて、人間たちの合意によってうちたてられたもの、あるいは少なくとも是認されたものである。ある者たちが他の者たちの犠牲のもとで享受しているさまざまな特権、たとえば、他の者たちよりも裕福だとか、尊敬されているとか、権力をもっているとか、さらには他の者たちを自分に服従させるといったことに認められる。

自然にかなった不平等の源泉がなんであるのかを問うことはできない。この語の定義そのものに答えが示されているとみなせるからである。二つの不平等の間に、なんらかの本質的な関係があるのかを探求することは、さらにできない。そのためには、命令する者たちが服従する者たちよりも必然的に価値があるのか、体力、精神力、知恵、徳が権力や富に比例して、常に同じ個人のうちにあるのかを、別の言葉で問うことになるからである。主人の陪席のもとで奴隷たちに討議させるというのなら、それでもよいかもしれない。けれども、それは真理を求める理性的で自由な人間たちにはふさわしいやり方ではない。

それでは、この論文では正確には何を論じようとするのか。暴力を法《ドロワ》が引き継ぎ、自然が法《ロワ》に屈伏させられた瞬間を事物の進歩の中ではっきりと示すことである。そして、いったいどのような奇蹟の連鎖によって、弱者に奉仕する者であることを強者に自認させるなどということがありえたのかを、民が現実の至福を犠牲にして頭の中の安息を贖う決心をするなどということがありえたのかを説明することである。

社会の根拠を検討した哲学者たちはみな、自然状態へとさかのぼる必要を感じたけれども、誰ひとりとしてたどりつけなかった。ある者たちは、この状態にある人間に正義や不正の観念があると想定することに躊躇を覚えず、そのような観念をもっていたに違いないことを証明しようとはしなかったし、そのような観念がこの人間にとって有益だったことさえ証明しようとはしなかった。別の者たちは、各人が自分に属するものを保持するという自然法《ドロワ》について語りながら、属するということが何を意味するのかを説明しなかった。さらに別の者たちは、弱者に対する強者の権威をまず与えておいて、そこからただちに政府が生まれるとしたけれども、権威や政府といった言葉の意味が人間たちの間に存在するようになるまでに、どれだけの時間が過ぎ去ったに違いないのかは考えもしなかった。要するに、誰もがたえず、欲求、貪欲、抑圧、欲望、傲慢について語りながら、自分たちが社会の中で獲得した観念を自然状態の中に持ち込んでいたのである。野生人について語りながら、文明人を描いていたのである。大方の現代の哲学者たちは、自然状態が存在したことを疑おうとさえしなかった。しかし、聖書を読んでみれば明らかなように、最初の人間は知恵と戒律を神から直接受け取ったのであり、自然状態にあったわけではなかった。加えて、およそキリスト者たる哲学者はモーセ書に信を置かなければならないのだから、大洪水以前でさえ、人間たちが純粋な自然状態にあったことを否定しなければならない。なにか異常な出来事によって、人間たちが自然状態に舞い落ちたとでもいうなら別であるけれども、このような逆説を擁護するのはかなりやっかいで、証明することはとうていできまい。

そこで、事実をすべて退けることから始めよう。というのも、事実は課題にまったく関係がないからである。この主題をめぐって入っていける研究は、歴史的真理などではなく、ただ仮説的で条件的な推論だとみなさなければならない。この推論は、真の起源を示すというよりも事物の本性を明らかにするのにふさわしいもので、自然学者たちが世界の生成について日々行っている推論に似ている。宗教が私たちに信ぜよと命じるところによれば、神ご自身が人間たちを自然状態から引き離されたのであり、人間たちが不平等なのも、神ご自身がそうなさりたかったからなのである。けれども、人間がひとりでうち捨てられていたとしたら人類はどのようなものになっていたのかということについて、もっぱら人間と人間をとりまく存在者たちの本性から推測してみることまでは、宗教も禁じてはいない。これこそが、私に課された課題であり、この論文で検討しようと考えている課題である。私の主題は人類一般にかかわるのだから、あらゆる国民に適した言葉で語ることにしよう。いや、むしろ、時間と場所を忘れて、私がいま話しかけている人々のことだけを考えて、アテナイのリュケイオン〔アリストテレスの学校〕で、プラトンやクセノクラテス〔前三九六―三一四年頃。プラトンの弟子で、師が開いた学校アカデメイアの学頭になった哲学者〕のような人たちを審査員として、人類を聴講者として、先生たちの授業を復唱しているのだと考えることにしよう。

ああ、人間よ。あなたがどこの国の人で、どのような意見をもっていたとしても、聴いておくれ。嘘つきなあなたの同類たちの本の中にではなく、決して嘘をつかない自然の中に私が読んだと信じたままの、あなたの歴史である。自然に由来するものは、すべて真実であろう。間違っていることがあるとすれば、それは私が意図せずに自分のものを混ぜてしまったからにほかならない。これから語る時代は、ずっと昔のことである。あの頃と、あなたはなんと変わってしまったことだろう。あなたはもともとどのような資質を受け取っていたのかを、教育と習慣がどれほどあなたの資質を損なうことができたのかを、それでもやはり、あなたの資質を破壊することまではできなかったのを描くことによって、これから書いてみようとしているのは、いわばあなたの種の年代記である。個人の生涯には、ずっととどまっていたいと願うような年頃があると思う。同じように、あなたの種がとどまっていて欲しかったと思う時代を、あなたは探し求めることになるだろう。不幸な子孫たちがさらに大きな不満をもつと予感させるだけのさまざまな理由があるために、現在の状態に不満をもっているあなたは、おそらく、昔に戻ることができたらよいのに、と思っているだろう。その感情こそが、あなたの始祖たちを称賛させ、あなたの同時代人たちを批判させ、不幸にもあなたの後に生きる人たちのことを思って恐怖を覚えさせるに違いない。

第一部

人間の自然にかなった状態についてしっかり判断するには、人間をその起源から考察し、いわばこの種の萌芽をとらえて検討することがきわめて重要だとはいえ、人間の身体構造があいつぐ発達を通してどのように変化してきたのかを追究するのはやめておこう。人間が最終的に現在見られる姿になる前に、はじめはどのような姿でありえたのかを、動物に関する学問体系のうちにこもって研究するだけでは満足できまい。アリストテレスが考えたように、かつて人間は、獣《けもの》のように鉤の形に曲がった長く延びた爪をもっていなかったか、クマのように毛むくじゃらでなかったか、四本足で歩いて[3]視線が地面に向けられ、数歩先までしか見えなかったのではないか、こうしたことから人間がもっていた観念の性格や限界が知れたものでなかったのではないか、といったことを検討するつもりはない。これらの点については、想像力にまかせた曖昧な憶測しかできまい。比較解剖学はまだほとんど進歩しておらず、博物学者たちの観察もいまだはなはだ不確かなので、こうした基礎の上に確固たる推論の土台を築くことはできない。したがって、これらの点について私たちがもっている超自然的な知識には頼らないことにしよう。また、手足の新たな使い方を覚えたり、新たな食べ物をとったりするにつれて、人間の外面と内面の双方の姿形にもたらされたに違いない変化も考慮しないことにしよう。そして、人間はいつの時代にも今日見られるのと同じ姿形をしていたのだと、すなわち、二本足で歩き、私たちと同じように手を使い、その視界は自然全体に広がり、天の広大な広がりを目ではかっていたのだと想定しよう。

このようななりたちをもつ存在者から、授けられていたかもしれない超自然的な才能も、長い期間の進歩を通じてようやく獲得できたかもしれない人為的な能力も、すべてはぎとってしまおう。このようにして、端的にいえば、自然の手からでてきたときにそうであったに違いないと思われる姿で人間を考察してみるなら、とある動物ほど強くもないし、また別の動物ほど敏捷でもないけれども、全体として見れば、どの動物よりも有利な身体構造をもった一個の動物ということになる。樫の木の下でお腹いっぱいに食べ、小川に行きあたれば渇きを癒し、食事を与えてくれたのと同じ木の根元を塒《ねぐら》にし、それで欲求をすっかり満たしているような動物である。

自然の豊かさのままに放置された大地(4)は、いまだ斧がふりおろされたことのない広大な森に覆われ、一足ごとに、あまねく動物たちに食物蔵と隠れ家を与えてくれる。動物たちに混ざって離れ離れで暮らしている人間たちは、動物たちの巧みな業を観察して模倣し、獣の本能の高みに昇っていく。それぞれの種は固有の本能しかもっていないのに対して、人間には有利な点があって、おそらく自分に固有の本能はなにひとつもたないために、あらゆる本能を自分のものとし、動物たちが分け合っているさまざまな食物(5)のほとんどすべてを同じように口にする。その結果、どの動物よりも容易に生き長らえることができるのである。

子供の頃から天候の不順や厳しい季節に慣れ、疲労に耐える訓練を積み、裸でなにも武器がなくても野獣から自分の命と獲物を守り、野獣の追跡から走って逃げることを強いられるため、人間たちは頑丈でほとんど不死身の体質をつくりあげる。父親の優れたなりたちを受け継いで生まれてきた子供たちは、父親たちと同じ訓練を通じて、人類に可能な限りの強靭さを獲得する。市民の子供たちにスパルタの法がなしていたのと同じことを、自然がこの子供たちになしている。よいなりたちをもった子供たちをさらに頑強にする一方で、そうでない子供たちを死なせてしまうのである。この点で私たちの社会は異なっていて、国家は子供たちを高くつくものにすることで、生まれてくる前に無差別に殺してしまう。

使える道具といえば自分の身体しか知らない野生人は、さまざまな用途に身体を用いる。私たちが同じように身体を使うことができないのは、実際にそうした用途に用いることがないからである。野生人が必要に迫られて獲得するように強いられている体力と敏捷さを私たちから奪っているのは、ほかならぬ私たちの巧知なのである。野生人が斧をもっていたら、枝をあれほど強く握りしめて折れただろうか。投石機をもっていたら、素手であれほど強く石を投げられただろうか。はしごをもっていたら、あれほど軽やかに木登りができただろうか。馬をもっていたら、あれほど速く走れただろうか。文明化された人間に、これらの道具すべてをかき集める時間的猶予を与えれば、野生人をやすやすとしのげようことに疑いの余地はない。もっとはっきり力の差が出る闘いを見たければ、両者を裸にして武器をもたずに一対一で向き合わせてみるがよい。そうすれば、自分のあらゆる力をいつでも用いることができるようになっていること、あらゆる出来事に対して備えができていること、いわば自分自身のすべてを身につけていることがどれほど有利であるか、ほどなくわかるはずである。(6)

ホッブズの主張によれば、人間は自然にかなったあり方からして大胆不敵で、相手を攻撃し、戦うことしか考えない。ある著名な哲学者〔モンテスキュー〕は正反対の考えで、カンバーランド〔Richard Cumberland（一六三一—一七一八年）。英国の哲学者。この記述の出典はホッブズに反論した『自然法の哲学的考察』（一六七二年）第一章第三二節〕とプーフェンドルフ〔この記述の出典は『自然法と万民法』（一六七二年）第一編第一～二章〕も同じことを断言しているのだが、それによれば、自然状態における人間ほど臆病な者はほかになく、いつも震えていて、ほんのわずかな物音が聞こえたり、ほんのわずかな物の動きを認めても、すぐに逃げ出す構えでいるという。知らない対象に対しては、おそらくそうだろう。目新しい光景に出会うたびに怯えるだろうことは、私も疑わない。自分にどのような身体的な幸福をもたらすのか、どのような身体的な不幸をもたらすのか、知りようがないし、自分にせまってくる危険に対して自分の力がいかほどのものかを比べることもできないのだから。しかし、自然状態にあって、そういう状況に陥るのはまれである。この状態ではすべてが単調に流れ、集団で暮らしている人間たちがもつ情念や移り気が生み出している絶え間ない急激な変化に地表がさらされることはない。動物たちに混じって分散して生きている野生人は、人生の早い段階から他の動物たちと競合する機会をもつので、動物と自分を比べて、動物たちの方が自分より力で勝っている以上に、自分が動物たちに器用さで勝っていることを感じ取り、もはや動物たちを恐れなくてよいことを学ぶのである。およそすべての未開人は頑強で敏捷で勇敢だが、そうした中からひとりを選んで石や適当な棒を武器としてもたせ、クマかオオカミと対峙させてみるがよい。危険はどちらにとってもせいぜい同じようなものだから、数度同じような経験を積めば、猛獣同士の間でも攻撃し合うのを好まないうえに、人間が自分たちと同じくらい獰猛なのを知った以上、人間に対してわざわざ攻撃をしかけることなどなくなるはずだと、すぐにわかるはずである。人間の器用さを凌駕する力をもった動物たちとの関係では、人間も、もっと弱いほかの動物たちと同じ立場になるけれども、こうした弱い動物たちでさえ生きのびているのである。同じように速く走れるのに加え、木に登ってほぼ安全な避難所を見いだすことができるという利点が人間にはある。強い動物と出くわしたとき、どこでも避難所を見いだすことも捨てることもできるので、逃げることも戦うことも選べる。そのうえ、いかなる動物も、己の身を守るためか、極度に空腹であるためでなければ、自然にかなったあり方からして人間に対して戦いをしかけるとは思われないし、自然によって別の種の餌になるのを定められていることを表すような激しい敵意を人間に対して示しているとも思われない。［一七八二年増補：これがまさに、黒人たちや未開人たちが、森の中で出会うかもしれない猛獣たちをほとんど気にかけない理由である。この点について、とりわけヴェネズエラのカライブ人たちは、まったく安心して暮らしているけれども、なにも不都合は生じていない。フランシスコ・コレアル〔Francisco Coreal（一六四八

—一七〇八年)。スペインの旅行家〕によれば、「カライブ人たちはほとんど裸であるにもかかわらず、弓矢だけを武器として、大胆にも森の中へ入っていく。それでいて、そのうちのひとりたりとも獣たちに貪り食われたという話を聴いたためしがない」〔『西インド諸島旅行記』第一巻第一部第八章。仏訳版(一七二二年)は、ビュフォン『博物誌』第一三巻でも参照されている〕。」

身を守るために同様の有効な手段がない、人間にとってさらに恐ろしい敵は、幼少期や老年期などの、自然にかなった身体の不自由と、あらゆる種類の病である。これらは、私たちの弱さの悲しいしるしである。はじめの二つはあらゆる動物に共通に見られるけれども、最後のひとつは、主として社会の中で生きている人間のものである。幼少期について私自身が観察したところによれば、どこへでも子供を一緒に連れていく人間の母親は、他の多くの動物の雌よりもはるかに容易に子供を養うことができる。動物の雌は、自分の餌を捕るために、子供たちに乳をやったり食べさせたりするために、たえず行き来を繰り返してくたくたになることを強いられる。たしかに、人間の場合、母親が死ぬようなことがあれば、子供も一緒に死んでしまう危険が大いにある。しかし、この危険は、食べ物を自分で探しに行けない多くの種の子供たちにも共通している。たしかに私たち人間にあっては、幼少期が動物たちより長期間にわたるけれども、人生も同様に長期間にわたるので、この点についてはおおむね同等である。[7] 幼少期の長さや子供の数[8]については別の規則があるけれども、それはここで論じる主題ではない。動いたり汗をかいたりすることがあまりない老人たちは、食べ物を獲得する能力が弱くなるにつれて、食べ物への欲求も小さくなっていく。森の生活のおかげで老人たちは痛風やリュウマチにかかることもないので、老いることが、およそあらゆる不幸の中でもっとも人間の手で和らげることのできないものになっている。老人たちはついには、いなくなったことを誰にも知られることなく、本人たちもほとんど気がつかないうちに、息を引き取るのである。

病についていえば、大部分の健康な人たちが医学をめぐってつらねている虚しく誤った美辞麗句を繰り返すつもりはない。この技術がこのうえなくなおざりにされている国々では、この技術がこのうえない配慮をもって究められている国々より平均寿命が短くなっている、という結論を導き出しうるような、確固たる観察があるのかどうかを問うてみたい。そんなことがあろうはずはない。医学が治療しうるより多くの病に私たちはかかっているのだから。生活様式には極端な不平等があって、ある人たちはあまりに暇なのに、他の人たちはあまりに働きすぎである。私たちの食欲と性欲は容易にかき立てられ、満たされる。富者たちは、凝りすぎた美食にふけって、便秘性の分泌液がたまり、消化不良に苦しむ。貧者たちは往々にして粗末な食事にさえ事欠き、機会があれば貪るように限度を越えて胃袋に詰め込んでしまう。夜更かし、ありとあらゆる不摂生、ありとあらゆる情念の節度のない熱狂、疲労、精神の消耗、心配事、無数の苦痛が、あらゆる身分の人たちに経験され、そのせいで魂はたえず責めさいなまれている。これこそが、私たちがかかるたいていの病は私たち自身がつくりだしたのだということ、自然によって命じられていたままの簡素で一様で孤独な生活様式を保っていたなら、ほとんどすべての病は避けられたのだということを示す、忌まわしい証なのである。自然が私たちを健康な存在であるように定めているのであれば、反省する状態は自然に反した状態であり、瞑想する人間は堕落した動物であると、あえて断言してもよいくらいである。未開人たちの、あるいは少なくとも私たちの強い酒で損なわれることのなかった人たちの整ったなりたちを考えてみれば、怪我と老化以外に未開人たちがほとんど病にかからないのを認識するならば、文明社会の歴史をたどればそのまま人間の病の歴史を容易に綴ることができると、大いに信じたくなるはずである。トロイア包囲戦の際にポダレイリオスとマカオン〔両者ともにギリシアの医者〕によって用いられたり処方されたりしたいくつかの薬に関して、それらが引き起こす病については当時はまだ知られていなかったのだと判断したとき、プラトンは私と同じ意見だったのである。［一七八二年増補：さらにケルスス〔Aulus Cornelius Celsus（前三五―紀元四五年）。ティベリウス帝の治世下で活躍したローマの著作家〕は、今日これほど必要とされている食餌療法はヒポクラテス〔前四六〇頃―三七五年頃。古代ギリシアの医学の大成者〕がはじめて発明したものだと報告している。］

このように、病の原因などほとんどなかったのだから、自然状態における人間は薬をほとんど必要としなかったし、医者はなおさら必要としなかったのである。この点で、人類は他のどんな動物と比べても不利な条件にあるわけではない。森を歩き回っていると身体が不自由な動物をたくさん見かけるものか、狩人たちに聞いてみればたやすくわかる。複数の狩人たちが見いだした動物の中には、大怪我をしたのにすっかり治っていたり、骨が折れたり手足まで失ったのに、時間さえかければ外科医にかかることもなく、ふだんの生活のほかには養生をすることもなく治癒していたり、切開で苦しめられもせず、薬物中毒にさせられることもなく、絶食で衰弱させられることもなしに完全に治っているものがいくらでもいるという。結局のところ、適切に管理された医学が私たちの間ではどれほど有益でありうるとしても、それでもなお確かなのは、ひとりぼっちで見捨てられた病気の未開人がなにかを期待できるのは自然だけだとしても、そのかわりに恐れるものは自分の病だけなのだから、私たちが置かれた状況よりも好ましいということである。

それゆえ、私たちの目の前にいる人間たちと野生人を混同しないようにしよう。配慮を委ねられたあらゆる動物に自然が深い愛情を注いでいることにも、自然がこの法《ドロワ》にどれほどこだわりをもっているのかが示されているようである。ウマ、ネコ、ウシ、ロバでさえ、私たちの家にいるより森の中にいた方が、たいていは体格もいっそう大きいし、みないっそう頑強で、活力に満ち、力強く、勇敢なたちをもっている。家畜となることで、これらの利点の半分は失われる。まるで、こうした動物たちを大切に扱って養おうとする私たちの配慮が、動物たちの退化しか招かないかのようである。人間についても、まったく同じである。社会生活を営むようになり、奴隷となることで、人間は弱く、臆病で、卑屈になり、生活様式は柔弱で女々しくなり、ついには体力と勇気がすっかり失われてしまうのである。未開の境遇と家で飼育されている境遇を比較したとき、獣と獣の間に見られる差異よりも人間と人間の間に見られる差異の方がはるかに大きくなるに違いない、と付け加えよう。というのも、動物と人間は自然から平等に扱われていたのに対して、飼育する動物よりも多くを自らに与える便宜がことごとくそのまま、人間をいっそう目に見えて堕落させる特別の原因にもなるからである。

このように、裸でいることも、住居をもたないことも、私たちがどうしても必要だと思いこんでいるけれども役に立たないすべてのものをもたないことも、この原初の人間たちにとっては、たいして大きな不幸ではなかったし、とりわけその保全にとって大きな障害となるものではなかった。肌が毛むくじゃらでなかったとしても、暖かい国ではその必要はまったくないし、寒い国にあっては、自ら倒した獣の皮を身につけることをいずれ覚えるだろう。走って逃げるためには二本の足しかないとしても、防御と欲求を満たすために二本の腕がある。子供たちはよちよち歩きかもしれないけれども、子供たちを抱いて母親たちがたやすく運ぶことができる。これは、母親が追いかけられたときに子供たちを見捨てるか、子供たちの歩調に合わせるかしなければならない他の種にない利点である。［一七八二年増補：もっとも、ここにはいくつかの例外がありうる。たとえば、キツネに似た、人間の手のような足をもち、コレアルによれば、腹に袋があって、逃げる必要に迫られたときには子供たちを入れることができるという、あのニカラグア地方の動物の場合である。これはおそらくメキシコでオポッサム〔フクロネズミ〕と呼ばれているのと同じ動物であろう。ラエト〔Johannes de Laet（一五八一頃―一六四九年）。オランダの地理学者・博物学者。オランダ西インド会社重役〕は、この動物の雌にも同じ用途に用いられるよく似た袋があるとしている。*11］要するに、後で触れるつもりでいる、決して起こらないことも十分にありえたはずのさまざまな状況の不可解な偶然の一致を想定でもしない限り、最初に衣服や住居を発明した者は、とにもかくにもほとんど必要でないものをこしらえたことになるのは明らかである。というのも、それまでそんなものはなくてもすんだのだし、幼少期からずっと耐えられた生活の仕方が一人前の大人になると耐えられなくなる理由があるとは思えないからである。

＊11　ここでルソーが参照している『新世界誌または西インド誌』（オランダ語版一六二五年、同増補版一六三〇年、ラテン語訳版一六三三年、仏訳版一六四〇年）は、オランダ西インド会社の探検隊による観察記録に基づいて編纂された。当該箇所はビュフォンの『博物誌』でも参照されている。

ひとりで、することもなく、いつも危険と隣り合わせでいる野生人は、眠ることを好み、その眠りは動物と同じように浅いに違いない。動物たちはほとんど考えることもなく、いわば、考えていないときはいつも眠っている。野生人が配慮することといえば、自らを保全することくらいしかほとんどないのだから、もっとも鍛えられた能力とは、獲物を捕らえるためにせよ、他の動物の餌食とならないように身を守るためにせよ、攻撃と防御を主な目的とする能力であるに違いない。正反対に、逸楽や性欲だけが完成に向かわせるような身体器官は、粗野な状態にとどまっていて、いかなる種類の繊細さともまったく無縁であるに違いない。この点で、はなはだしく粗野な触覚と味覚、このうえなく敏感な視覚、聴覚、嗅覚というように、感覚器官のありようははっきり分かれることになろう。これが、動物一般に見られる状態であり、旅行者たちの報告によれば、おおかたの未開の民たちに見られる状態である。したがって、オランダ人たちなら望遠鏡で見るような距離にある沖合いの船を喜望峰のコイコイ人たちがまったくの裸眼で見つけることも、アメリカの未開人たちがこのうえなく優秀な猟犬と同じようにスペイン人たちの足跡のにおいを嗅ぎ分けることも、およそ野蛮な部族が裸でいるのを苦もなく耐え、唐辛子で味覚を刺激し、ヨーロッパの酒を水のように飲むことも、まったく驚くにはあたらない。

ここまで、私は身体的な意味での人間だけを考察してきた。以下では、形而上学的、道徳的側面から人間を考えてみるようにつとめることにしよう。

およそ動物のうちに私が見いだすのは精巧な機械だけである。その機械に、自分でネジを巻くことができるように、また、自分を破壊したり狂わせたりするあらゆるものから身を守ることができるように、自然は感覚器官を与えた。人間という機械の中に私が見いだすのも、まったく同じものである。もっとも、獣の活動にあっては自然だけがすべてをなすのに対して、人間の場合は自由な能動者として自然の活動に協力するという点で違いがある。あるものを選んだり避けたりするのは、獣の場合は本能によってであるけれども、人間の場合は自由な行為によってである。そのため、たとえそれが自分にとって有利になる場合でも、獣は命じられた規則にそぐわないことはできないのに対して、人間はしばしば自らの利益に反して規則にそぐわないことをする。こうして、ハトは極上の肉を山盛りにした皿のそばで飢え死にし、ネコは果物や穀物の山のうえで飢え死にする。どちらも、試してみる気にさえなれば、見むきもしなかった食べ物で命をつなげたはずである。人間の方は、自堕落になって不摂生をし、熱を出したり死んだりする。精神が感覚器官を損なうからであり、自然が口をつぐんでいるときもなお意志は語り続けるからである。

　感覚器官をもつ以上、すべての動物は観念をもち、いくつかの観念をある程度まで組み合わせさえする。この点で、人間と獣には程度の差しかない。ある人間とある獣の間の差異よりも、人間同士の間の差異の方が大きい、とさえ主張する哲学者たちもいる。したがって動物たちの間で人間を特に際立たせているのは、知性というよりも自由な行為者という資質なのである。自然はすべての動物に命令し、獣は服従する。人間も同じ印象を覚えるけれども、同意するのも拒絶するのも自分の自由だとわかっている。とくにこの自由の意識にこそ、人間の魂の霊性があらわれている。というのも、自然学は感覚器官の仕組みと観念の形成についてはなにがしかの説明をつけるけれども、意志する力、あるいはむしろ選ぶ力のうちには、そしてこの力の自覚のうちには純粋に霊的な作用しか認められないので、力学の法則ではなにも説明できないからである。

　ところで、以上の論点にはさまざまな異論があり、人間と動物の間の差異については議論の余地がある。しかし、両者を区別するきわめて特殊な資質がいまひとつあって、これには異議の唱えようがない。それは、完成に向けて自己を改善する能力である。この能力は、環境に助けられてつぎつぎに他のあらゆる能力を発達させるもので、私たちの間では、種にも個人の中にも同じように存在する。ところが動物の個体は、数ヵ月のうちに一生そのままである姿となり、種として見ても千年後にも最初の年にそうであった姿のままである。いったいどうして人間だけがぼけやすいのだろうか。そのようにして人間は原初の状態にたちかえるからではないだろうか。それに対して獣の方は、なにも獲得しなかったのだから、なにも失うものもなく、常に本能とともにある。人間は、完成に向けて自己を改善する能力によって獲得されたすべてのものを、老いや事故のせいで失い、そのため獣よりも劣った状態にふたたび落ち込んでしまう。人間を際立たせている、このほとんどとどまるところのない能力こそが、人間のあらゆる不幸の源泉になっていることを、この能力こそが、長い歳月の末に、穏やかで無垢な日々を過ごしていたはずの本源的な境遇から人間を引き出してしまったのだということを、そしてこの能力こそが、数世紀の時をかけて、人間の知恵と誤謬を、悪徳と美徳を開花させて、ついには人間を自分自身にとっても自然にとっても暴君にしてしまったということを、認めなければならないのは、私たちにとって悲しいことであろう(9)。子供たちのこめかみにあてがう板を使ってみるように最初にそのかした人を、オリノコ河流域の住民が恩人として讃えなければならないとしたら、なんと恐ろしいことだろう。少なくとも、この板のおかげで、愚かさと本源的な幸福をこの子供たちはいささかなりとも保持しているのである[*12]。

＊12　フランシスコ・コレアル『西インド諸島旅行記』(仏訳版一七二二年)第一巻、二六〇―二六一頁に

以下のような記述がある。「〔オリノコとアリゾナの間に住む部族たちは〕みな、生まれてくるやいなや、子供たちの頭と顔を平たく整える、という滑稽な習慣をもっている。そのためにしつらえられた二枚の板で子供の頭を挟むのである」。なお、この一節はビュフォンの『博物誌』でも引用されている。

野生人は、自然によってもっぱら本能に委ねられている。あるいはむしろ、おそらくは本能をもたない埋め合わせに、まずは本能のかわりになることができる能力、後には自然につくられたままのあり方よりはるかに高いところへと本能を引き上げることのできる能力をもっている。はじめのうちは、まったく動物的な機能しかない[10]。ほかのすべての動物と同じように、知覚することと感じることが、その最初の状態であっただろう。新たな環境が新たな発達を引き起こさないうちは、欲することと欲さないこと、望むことと嫌うことだけが、魂の最初の作用であっただろう。

道徳論者たちがなんといおうと、人間知性は情念に多くを負っており、また、一般に認められているように、情念も人間知性に多くを負っている。両者の活動を通じて、私たちの理性は完成に向けて改善されていくのである。私たちがなにかを知ろうとするのは、もっぱら楽しみたいと望むからである。なにも望むことも嫌うこともない者がわざわざ苦労して推論する理由など、とうてい思いつかない。情念にしても、その起源は私たちの欲求にあり、その進歩は私たちの知識から引き出される。というのも、人間がものを望んだり嫌ったりするのは、そのものについてもちうる観念によるか、自然による素朴な衝動による以外にありえないからである。あらゆる種類の知識を欠いた野生人は、後者に基づいた情念しか経験しない。その欲望は身体的欲求を越え出ることはない。(11) 野生人がこの世界に認める幸福といえば、食べ物と、雌と、休息だけである。嫌う不幸といえば、苦痛と空腹だけである。私はここで苦痛といい、死とはいわない。というのも、動物は決して、死とはどういうことなのかを知らないだろうから。動物の境遇から脱して最初に獲得するもののひとつが、死を認識し、死を恐れることだったのである。

必要とあらば、以上の意見を事実に基づいて支えること、すなわち、この世界のすべての部族にあって、精神の進歩が欲求と正確に比例していたのを示すことは容易であるように思われる。欲求を、民衆が自然から受け取ったにせよ、環境によってもつことを強いられたにせよ、つまり、そうした欲求を満たすように仕向ける情念から受け取ったにせよ、同じである。ナイル河の氾濫とともにエジプトで技芸が生まれ、広がるのを示してもよい。ギリシア人たちのもとで技芸が進歩するのを跡づけてもよい。エウロタスの肥沃な河岸〔スパルタ〕では根をはりえなかったさまざまな技芸が、アッティカ〔アテナイ〕の砂と岩の間から芽を出し、成長し、天にまで伸びていった。一般に、北方の民族の方が、南方の民族よりも勤勉であるのが認められるだろう。あたかも自然が土地に与えるのを拒んだ肥沃さを精神に与えることによって、ものごとを平等にするのを望んだかのように、北方の民族は勤勉でないわけにはゆかないからである。

しかし、歴史が伝える不確かな証言の助けを借りるまでもなく、すべての事情が、野生人が野生人であることをやめたいという気持ちになることも、そのための手段も、遠ざけているように見えることが、わからない人がいったいいるだろうか。野生人の想像力はなにものも描いてみせない。その心はなにも求めてこない。そのわずかばかりの欲求は手の届くところでいともたやすく満たされる。より高度の知識を獲得したいという欲望をもつのに必要な知識の程度からもかけはなれているので、予見能力も好奇心ももつことができない。自然の光景にも見なれてしまって関心をもたない。いつも同じ順序で同じことが繰り返される。摩訶不思議なことに、驚く精神もない。毎日見てきたことを一瞥で観察する術をもつために人間が必要とする哲学を、野生人に求めてはならない。野生人の魂は、なにものにも動かされることなく、ただ自分の今現在の存在の感情しか感じない。どんなに近い未来についても、いかなる未来についての観念をもたず、計画することも目に見えていることだけで、その日の終わりにまで達するのがせいぜいである。今日でもカライブ人の予見能力はこのような程度にとどまっている。朝ふとんを売って、夕方になって泣きながら買い戻しにくる。夜になったら必要になることもわからなかったのである。[*13]

*13　カライブ人の例は、デュ・テルトル神父（Jean-Baptiste Du Tertre）（一六一〇―八七年）の『サン＝クリストフ、グアドループ、マルティニック、その他のアメリカ諸島誌』（一六五四年）第五部第一章第五節に基づいている。

この主題について瞑想すればするほど、純然たる感覚からこのうえなく素朴な認識へといたるまでの間にある距離が、私たちの目の前でどんどん広がっていく。これほどまでに大きなへだたりを、ひとりの人間が他人と意見を交換し合うことなしに、必要によってかりたてられることもなしに、いったいどうやって、もっぱら自分の力で乗り越えることができたのか、理解できない。天に輝く火の玉〔太陽〕のほかに、人間が火を見ることができるようになるまでに、数世紀の時が流れたことだろう。この火という元素[*14]のごくありふれた利用法を学ぶのに、いったいどれほどの偶然が重なる必要があっただろう。火を起こす技術を獲得するまでに、いったい何度、火が消えるのを見たことだろう。この火を起こす秘技がいったい何度、発見した者の死とともに消え去ったことだろう。農業については、なんといったらよいだろうか。農業は、実に多くの労苦と予見能力が必要で、ほかの多くの技芸と関連しており、たとえ萌芽的なものであれ、社会がなければ実践するのは不可能であることがまったく明白である。農業がなくても大地は十分な食料を提供してくれていたのだから、農業が役に立つとしたら、大地から食料を引き出すためではなく、私たちの味覚にこのうえなく合うように、好みのものを大地にむりやりつくらせるためなのである。しかし、人間たちの数が激増して、自然の作物だけではもはや人間たちに食べさせるのに十分でなくなったと仮定してみよう。ついでにいえば、この仮定は、このような生活様式〔集団での生活〕に人類にとってどのような利点があるとでもいうのか、示してくれるだろう。さらに、次のように仮定してみよう。鍛冶場も作業所もないのに、未開人たちの手に天から耕作道具が降ってきたのだと。この人たちがみなもっていた、たえず働くことを死ぬほど嫌がる気持ちにうちかったのだと。自分たちの欲求をはるか以前から予見することを学んだのだと。大地をどのようにして耕作し、種を蒔き、木を植えたらよいのかを見抜いたのだと。小麦をひいて粉にし、ブドウを発酵させる技術を発見したのだと。いったいどのようにして、このようなことすべてを自ら学んだのかを理解することはできないのだから、神から教えられたに違いない。このような仮定をしたうえで、それでも、畑を耕作しようとして苦労するほど分別のない人間など、いったいいるものだろうか。最初にやってきた人間なり獣なりが、収穫物が自分にとって都合がよいと思うならば、畑は荒らされてしまうだろう。その労働の見返りが自分にとって必要であればあるほど、それだけいっそう確実に自分の手には入らないというのに、つらい労働に一生を捧げようと心を決めるなどということがあるだろうか。要するに、大地が人間たちの間で分割されていない限りは、すなわち、自然状態が解消されていない限りは、このような状況にある人間が大地を耕作するようになることが、いったいありうるだろうか。

＊14　土、水、火、空気は、古代人が自然界を構成すると考えた四大元素だった。

ここで、考える技術について私たちの哲学者たちと同じくらい有能な、ひとりの野生人がいたと仮定してみよう。私たちの哲学者たちを範例として、この人をひとりの哲学者とみなし、たったひとりでこのうえなく崇高な真理を発見して、秩序一般に対する愛から、あるいは、秩序の創造者のものとされた意志から引き出された正義と理性の格率を、きわめて抽象的な推論を重ねながら自らねりあげることができると仮定してみよう。要するに、たしかに鈍重で愚鈍に見えるこの人にも、必要なだけの知性と知識があると仮定してみよう。その場合、他の人に伝えることもできず、それを発明した個人とともに滅び去ってしまうであろうこの形而上学から、いったい人類はどのくらいの有用性を引き出すことができるというのだろうか。動物たちに混じって森に散らばっている人類がどのような進歩を遂げるというのだろうか。定まったすみかもなく、互いに相手を必要とすることもなく、生涯にせいぜい二度会うかどうかで、知り合うことも話を交わすこともない人間たちが、いったいどの程度まで完成に向かって進歩していくことができ、啓発し合うことができるというのだろうか。

考えてみていただきたい。言語を用いることで、観念をもつために私たちがどれほどの恩恵をこうむっているか。文法が、どれほど精神のはたらきを鍛え、容易にしているか。言語がはじめて発明されるまでには、想像もつかないほどの苦労と無限の時間が必要だったことを考えてみていただきたい。こうした反省をこれまで試みた反省と結びつけてみていただきたい。そうすれば、言語を発明できるような活動を人間の精神の中で順を追って発達させるには、数千世紀が必要だったと判断することだろう。

しばらく、言語の起源というやっかいな問題について考察するのを許していただきたい。ここで、コンディヤック師〔Etienne Bonnot de Mably abbé de Condillac（一七一四―八〇年）。ジョン・ロックの経験論哲学をもとに感覚論哲学を確立した哲学者〕がこの主題について行った研究を引用するか、繰り返すにとどめてもよかったかもしれない。私の意見を完全に裏付けてくれているし、そもそもこの主題について私に最初の着想を与えてくれたのだから。[*15] しかし、この哲学者が制度化された記号の起源に関して自らに課した難問を解決していくやり方を見ると、まさに私が疑問としていること、すなわち言語を発明した人たちの間にある種の社会がすでにうちたてられていることを前提にしてしまっているのがわかる。そこで、同じ難問を私の課題にふさわしい形で明らかにするために、この哲学者の考察を参照しつつも、そこに私自身の考察を付け加えるべきだと考える。最初にあらわれる難問は、いったいどのようにして言語が必要になりえたのかを想像することである。なぜなら、人間たちの間にはいかなる交渉もなく、交渉をもちたいという欲求などまったくないのだから、言語がなくてはならないものでなかったならば、言語を発明する必要も、言語を発明する可能性も、想像するだにできないからである。他の多くの人たちと同じように、父親と母親と子供たちからなる家庭内のつきあいから言語が生まれたのだといえるものならいいたい。しかし、それでは、異論を解消できないばかりか、社会の中で得られた諸々の観念を自然状態に持ち込んだうえで自然状態について推論する人たちと同じ過ちを犯すことになってしまうだろう。すなわち、数多くの共通する利害が家族の構成員を結びつけている私たちと同じように、家族の構成員が親密で継続的な結合を保って、ひとつ屋根の下に集まって暮らしているとみなしていることになる。ところが、この原初的状態にあっては、家も小屋もいかなる財産もなく、各人が偶然にまかせて居を定め、しばしばたったひとりで夜を過ごすのである。偶然の出会い、きっかけ、欲望にまかせて、雄と雌はたまたま結ばれ、互いに伝え合うべきことをどうしても言葉にしなければならないということもなかった。別れるのも同じように簡単だった[12]。母親が子供たちに授乳するのも、はじめは自分自身の欲求を満たすためだった。やがて習慣から子供たちがかわいくなり、子供たちの欲求を満たすために養うようになる。餌を自分で探せるようになるや、子供たちはすぐに母親さえ見捨てた。ふたたび会うためには、見失わずにいるほかに手段がなかったから、やがてお互いに親子であることがわからなくなってしまった。いっそう注意してみるべきことがある。子供は自分のあらゆる欲求を説明しなければならないので、その結果、母親が子供に対する以上に、子供は母親に対していうべきことがあるのだから、言葉を発明するのに子供の方がいっそう骨を折るに違いないし、子供が使う言葉の大部分は自分自身でつくったものになるはずだということである。このため、言語を話す個人の数だけ言語の数が増えていくことになる。すみかを定めない放浪生活をしているため、いかなる慣用表現も定着する暇をもたない。子供があれこれと母親にせがむために用いるはずの言葉は、母親が子供に教えるのだ、などといってみても、それはすでにできあがった言語をどのように教えるのかを示しているだけで、母親がどのようにその言葉をつくったのかはなにも示していない。

＊15　ルソーはコンディヤックを「当代最大の形而上学者」と絶賛した。若き日のルソーを子供たちの家庭教師に雇ったリヨンの法服貴族マブリは、コンディヤックの長兄にあたる。この一節で参照されているの

は、『人間認識起源論』である。なお、言語の起源は、古典古代以来、西洋哲学がとりくんできた重大問題のひとつである。ルソーが活躍した十八世紀にもこの問題は大きくとりあげられ、モーペルテュイ(Pierre Louis Moreau de Maupertuis)(一六九八―一七五九年)、ディドロ(Denis Diderot)(一七一三―八四年)、アダム・スミス(Adam Smith)(一七二三―九〇年)、ヘルダー(Johann Gottfried von Herder)(一七四四―一八〇三年)など多くの思想家が関係する論考を残している。

この最初の難問を乗り越えることができたと仮定してみよう。純粋な自然状態と言語に対する欲求との間に見いだされるはずの広大な空間をしばし飛び越えてみよう。言語が必要だと仮定したうえで、[13]どのようにして言語が打ち立てられ始められたのかを追究してみよう。最初の難問よりもさらに厳しい新たな難問がたちあらわれる。というのも、考えることを学ぶために人間たちは言葉を必要としたというのに、言葉を話す技術を見いだすために人間たちは考える能力をさらにいっそう必要としたからである。どのようにして音声が約束に基づいて私たちの観念を伝えるものとみなされたのかを理解できたとしても、感覚でとらえられる対象というものがなく、動作によっても声によっても示されえない観念について、どのような音声が約束に基づいてそれを伝えるものとなりえたのかは、まだわからないままだからである。したがって、自分の思考を人に伝え、精神と精神の間に交流をうちたてる技術の誕生について、批判に耐えうる推測をすることは、ほとんどままならない。しかも、この崇高な技術はすでにその起源からかなりへだたりがあるにもかかわらず、その完成までには驚くほど距離があると哲学者は考えている。それゆえ、たとえ時間とともに必然的にもたらされる天体の回転が都合よく停止したとしても、アカデミーから偏見が姿を消すなり沈黙するなりしたとしても、アカデミーが数世紀にわたって絶えずこの厄介な問題にかかりきりになれるとしても、いつの日にかこの技術が完成するにいたると断言できるほど大胆な人間など、ひとりとしていない。

人間の最初の言語、このうえなく普遍的で、このうえなく力強く、会衆を説得しなければならなくなる以前に必要とされた唯一の言語は、自然に基づいた叫び声である。この叫び声は、大きな危険があるときには助けを、激しい苦痛があるときにはそれを和らげてくれるよう懇願するべく、さしせまった状況にあってある種の本能によってもぎとられるものだから、もっと穏やかな感情が行き渡っているありふれた生活を送っている限り、たいして用いられることはなかった。人間たちのもつ観念が広がり、数が増え、お互いの間でより緊密に通じ合うようになると、より多くの記号とより広がりのある言語を人間たちは求めるようになった。声の抑揚を多様にして、そこに身ぶりを加えた。身ぶりはその本性からして声より表現力に富んでいるし、あらかじめ決めておくことに意味が依存するところが声より少ない。目に見えるものや動くものは身ぶりで、聴覚に訴えるものはその模倣音で表現された。しかし、身ぶりが示せるものといえば、せいぜい目の前にあるもの、たやすく表現できるもの、目に見える動作に限られる。いつでもどこでも用いるというわけにはいかない。暗がりや遮るものがあれば役に立たないし、興味をかき立てるわけでもないのに、注目していることを相手に求める。そこでついに、身ぶりを分節化された声で置きかえることを思いついたのである。分節化された声は特定の観念に対して身ぶりと同じような関連をもつわけではないけれども、制度化された記号として、あらゆる観念を表現するのにより適したものだった。身ぶりを声で置きかえるには、どうしても全員の同意が必要だった。まだいかなる訓練もしていない粗野な発声器官をもった人間たちにとって、そうとう難しいやり方で同意を取りつけるほかなかった。さらに難しいのは、そもそものやり方を考えることであった。というのも、この全員一致の合意は正当化されなければならないからであり、そうなると、言葉の使用をうちたてるために、当の言葉がどうしても必要になるように見えるからである。

人間たちが最初に用いた語は、すでにできあがっている諸言語の中で用いられる語よりも、用いた人たちの精神の中にあって、はるかに広い意味をもっていたこと、発話を構成要素に分解することを知らなかったので、はじめのうちは命題全体の意味するところをそれぞれの語にあてがっていたことを、理解しておかなければならない。主語と属詞を、動詞と名詞を区別しはじめると、このような区別をすることだけでも才能のある人の並々ならぬ努力が必要だったはずだが、はじめのうちは実詞は固有名詞と同じ数しかなく、動詞の時制はといえば不定法［一七八二年増補：の現在形］しかなかった。形容詞については、この概念が発達するには、そうとうな困難をともなわないわけにはいかなかった。というのも、形容詞はすべて抽象的な語であるけれども、抽象化という操作は困難をきわめた、ほとんど自然にかなうところのないものだからである。

それぞれの対象が、属も種も考慮されずに固有の名詞をあてがわれた。言葉を最初につくりだした者たちは、これらを区別できる状態になかったからである。この人たちの精神には、あらゆる個体が、ちょうど自然の光景の中でそうであるように、他と切り離されて現れた。ある樫の木がAと呼ばれ、別の樫の木がBと呼ばれた。［一七八二年増補：というのも、この二つの対象からひきだされる最初の観念は、この二つの対象が同じではないということだからである。両者の間に共通点を見つけ出すまでには、往々にして長い時間が必要である。］したがって、知識が限られていればいるほど、語彙録は大部になった。このような命名法全体に認められる煩わしさを取り除くことが容易であるはずがなかった。さまざまな存在を共通の名称、すなわち属や類を示す名称のもとに整理するためには、おのおのの属類の属性と属類間の相違を認識しなければならなかった。観察と定義が必要だった。つまり、りっぱな博物学と形而上学が必要だったのに、この時の人間たちの手に届くものは、それとはかけはなれた程度のものだったのである。

さらに、一般的な観念が精神の中に招き入れられるにはどうしても語の助けが必要であり、知性が一般的な観念を把握するにはどうしても命題を介する必要がある。まさにこのために、動物たちは一般的な観念を形成する能力をもたないのであり、この観念なしには成立しない完成に向けて自己を改善する能力を決して獲得できないのである。サルがひとつのクルミから別のクルミへとためらうことなく手をのばすとき、サルはこの種類の果実について一般的な観念をもっているとか、その原型とこの二つの個体を比べているなどと考えてよいものだろうか。疑いもなく、そうではない。クルミの実をひとつ見ると、別のクルミから受け取った感覚が記憶によみがえる。サルの目はいくぶんか変化して、これから味覚にもたらされるだろう変化を予告する。およそすべての一般的な観念は純粋に知的である。少しでも想像力がまじるやいなや、観念は個別的になる。木一般のイメージを描いてみるがよい。決して描ききることはできまい。意に反して、低い木か高い木を、葉がまばらな木か葉が茂っている木を、色の薄い木か色の濃い木を思い浮かべずにはいられまい。すべての木に共通しているものだけを見ることがあなたの一存でできるとしても、そのイメージはもはや木には少しも似ていないだろう。純粋に抽象的な存在はこのようにして思い描かれるか、あるいはもっぱら発話によってのみ理解されるものである。三角形の定義だけが、三角形の真の観念をあなたに与える。あなたがひとつの三角形を精神のうちに描き出すやいなや、それは特定の形の三角形であって、他の形の三角形ではない。はっきりと見てとれる線で囲み、面に色をつけることを避けられない。このように、一般的な観念をもつためには、どうしても命題の形で述べなければならないし、言葉を話さなければならない。というのも、想像力が働かなくなるやいなや、精神は発話の助けがなければ、もはや歩むことができなくなるからである。言葉を最初につくりだした者たちが、自分たちがすでにもっていた観念にしか名前を与えなかった以上、最初の実詞は断じて固有名詞以外ではありえなかったはずである。

しかし、私には理解できないなんらかの方法によって、新たにあらわれた私たちの文法家たちが観念を拡大し、語を一般化するようになったとき、言語を発明した人たちは無知のせいでこの方法をきわめて狭い範囲に閉じ込めてしまったに違いない。当初、属も種も知らなかったせいで個体の名前を増やしすぎてしまったように、こんどは、差異に基づいてさまざまな存在を考察できなかったせいで属と種の数をあまりに削って少なくしてしまった。分類を十分に細かくしていくためには、この人たちが持ち得た以上の経験と知識が必要だったし、この人たちが用いようと欲していた以上の研究と労苦が必要だっただろう。今日なお、これまで私たちの観察をことごとく逃れてきた未知の種が毎日のように発見されているのだから、ほんの一瞥だけでものごとを判断するほかなかった人間たちが見逃した種がどれほどあったか考えてみていただきたい。基本的綱目とか、このうえなく一般的な概念についてもまた、この人たちには手の届かないものだったことは、付け加えるまでもあるまい。いったいどのようにして、たとえば、物質、精神、実体、様態、様相、運動といったような語を、この人たちが想像したり耳にしたりすることがあったというのだろう。実に長い時間、こうした語を用いている私たちの哲学者たちですら、理解するのに大いに苦労しており、こうした語に結びつけられている観念は純粋に形而上学的で、自然の中にはいかなる手本も見いだせないのであるから。

このはじめの数歩で私はたちどまる。審査員の方々には、ここで読むことを中断していただきたい。そして、物理的な実詞の発明だけに基づいて、すなわち、言語の中でも発見することがこのうえなく容易である部分に基づいて、そこから人間たちのあらゆる思考を表現できるようになるまでに、定まった形をとって公共の場で話され、社会に影響を与えるようになるまでに、どれほどの道のりがなお言語に残されているのかを考えていただきたい。数[14]、抽象語、アオリスト〔古典ギリシア語の動詞の過去時制のひとつ〕やそのほかすべての動詞の時制、小辞〔前置詞や接続詞など〕、統辞法を見いだし、命題や推論を結びつけ、発話に筋道をつけるためには、どれほどの時間と知識が必要だったかを省察してくださるよう、審査員の方々にお願いしたい。私はといえば、つぎつぎにあらわれる難問におそれをなし、純粋に人間的な方法で言語が生まれたり、うちたてられたりすることなどありえたはずがないことを証明できたと確信する。そこで、言語を制度化するにはすでに社会がつくられていなければならなかったはずだというのと、社会をうちたてるにはすでに言語が発明されていなければならなかったはずだというのとでは、いったいどちらの必要度がより大きかったのか、という難しい問題に、あえて答えてみようと企てる人がいようものなら、私はその人に委ねてみたい。

言語と社会の起源がいかなるものだったとしても、互いに相手を必要とさせることによって人間たちを近づけたり、言葉を容易に用いることができるようにすることについて、自然はほとんどなにも配慮していないのだから、自然が人間たちの社交性を準備するところがいかに少なかったか、人間たちが絆を結ぶためになしてきたあらゆることに手を貸すところがいかに少なかったかが、少なくともわかる。たしかに、この原初的状態において、サルやオオカミが自分の同類を必要とする以上に、ひとりの人間がほかの人間を必要とする理由など想像できない。仮にその必要があったのだとしても、どのような動機があって相手はこの必要に応じることになるのか、いったいどうやって条件を合意できるのか、想像できない。この状態における人間ほど惨めなものはほかにないとたえずいわれている[*16]のは、私も承知している。そして私が証明したと信じているように、人間が幾世紀もの時間を経てようやくこの状態の外に出る欲望と機会をもちえたというのが真実だとすれば、これは自然を責めるべきことであって、自然がそのようになりたたせた存在［人間］を責めるべきではない。それにしても、この惨めなという語の意味を私が正しく理解しているとすれば、それは必要なものを欠いている苦痛、身体や魂の苦しみ以外のなにものでもない。ところで、心が穏やかで身体が健康で自由な存在者に、いったいどのような惨めさがありうるというのか、できることなら説明してもらいたいと思う。私が問うているのは、文明的な生活と自然にかなった生活のどちらが、それぞれの生活を享受する人たちにとって耐えがたいものになることが多いか、ということである。私たちのまわりには、ほとんど自分の生き方に不平をもらす人たちしかいない。中には自分の一存で決められるなら、自ら命を絶とうという人たちさえいて、神の法と人間の法がそろっても、この秩序にかなわない行動をやめさせるのに十分とはいえない。自由な未開人が生活を嘆いて自殺したなどという話を、かつて一度でも聞いたことがあるだろうか。傲慢にならず、いったいどちらの側にほんとうの惨めさがあるのかを判断していただきたい。反対に、知識の光に目がくらみ、諸々の情念に責めさいなまれ、自分のものとはちがった境遇について推論するような野生人がいたなら、それにもまして惨めな存在はほかにあるまい。野生人が潜在的にもっていたさまざまな能力が、それを実際に行使する機会がおとずれるまでは発達することがなかったのは、きわめて賢明な神慮によるものであった。そのおかげで、時機に先んじて余分なものとなったり、時機に遅れて必要に応じられないということがなかったのである。野生人は、もっぱら本能のうちに自然状態の中で生きるために必要なことすべてをもっており、理性が磨かれたときに役立つものといえば、社会の中で生きるために必要なことだけであった。

＊16　ここでルソーは、プーフェンドルフ『自然法と万民法』第一巻第二編第一章第八節を参照している。

この状態における人間たちの間には、いかなる種類の道徳的関係もなく、義務も認識されていなかったのだから、この人たちは善良でも邪悪でもありえず、悪徳も美徳ももたなかったと思われる。もっとも、語の意味を物理的にとらえて、自分自身の保全を損ないかねない資質を個人における悪徳と呼び、自分自身の保全に貢献しうる資質を美徳と呼ぶなら、話は別であるけれども。とはいえ、その場合には、自然に基づいた素朴な衝動にあらがうことがもっとも少ない人を、このうえなく有徳な人と呼ばなければならなくなるだろう。しかし、語の通常の意味から離れずにいよう。手にはかりをもって次のことを検討してみるまでは、このような状況について私たちが往々にして下す可能性がある判断はしばらくさしひかえ、私たちの偏見を信用しないのが適当である。文明化された人間たちの間には悪徳より美徳の方が多いか。その悪徳が有害である以上に美徳が有益であるか。互いになすべき善について、この人たちが知識を究めるにつれてかえってお互いに加えることになる悪のつぐないとして、知識の進歩が十分であるか。いつでもどこでも他人に依存していて、なにも自分に与える義務のない人たちからあらゆるものを受け取らなければならないように強いられるよりも、誰に対しても悪を恐れることも善を期待することもないという方が、結局のところ幸せな状況にあるのではないか。

とりわけホッブズがしたように、善についてなんら観念をもっていないのだから人間は自然にかなったあり方からして邪悪であるとか、美徳を知らないのだから人間は悪徳に染まっているとか、同類への奉仕を義務とは考えないからいつも奉仕を拒むのだとか、また、自分が必要とするものに対する権利があると当然のように考えるから愚かにも自分が宇宙の唯一の所有者だと思っているなどと、結論するのはやめよう。自然法《ドロワ》に与えられた近代のあらゆる定義に見られる欠点を、ホッブズはするどく見抜いた。しかし、自らの定義から導き出した結論を見れば、やはり定義を同じように間違った意味にとっていることがわかる。自らうちたてた原理に基づいて推論するとき、自然状態は自分を保全する配慮が他の人の保全の害になることがこのうえなく少ない状態だから、このうえなく平和にかなった状態であり、人類にとってこのうえなく都合のよい状態だった、とこの著述家はいうべきだったのである。この人がいったのは、まさに正反対のことだった。野生人がもつ自己保全の配慮の中に、あまたの情念を満足させたいという欲求を不適切に持ち込んでしまったのである。しかし、これらの情念は社会の産物であり、これらの情念のために法律《ロワ》がなくてはならないものになったのである。「邪悪な人とは頑強な子供である」とこの人はいう。[*17] 野生人が頑強な子供かどうかは確かめてみなければならない。とりあえず、それを認めたとして、そこからどのような結論を導き出すのだろうか。頑強であるうえに、この野生人が弱かったとしたらそうするであろうように他人に依存するとしたら、どんな暴力でもふるうだろう、母親が乳をやるのにもたつけば殴りつけ、弟のひとりが気に食わなければ絞め殺し、ぶつかったり邪魔な人がいれば足にかみつくだろう、とでもいうのだろうか。しかし、自然状態にあって、頑強であることと、他人に依存することは、矛盾する二つの仮定である。人間は他人に依存するときには弱く、頑強となる前に依存から解放されているものである。未開人たちは理性を用いるのを妨げられている、と私たちの法学者たちは主張する。まさにその原因こそが、ホッブズ自身も主張しているように未開人たちの能力の濫用がさまたげられている原因でもあるということを、ホッブズは見損なってしまったのである。したがって、未開人たちは、善良な存在とはどういうものなのかを知らないがゆえに、邪悪ではない、ということができよう。というのも、未開人たちが悪事をなさずにいるのは、知識を磨いたからでも、法律の歯止めが利いているからでもなく、情念が穏やかで悪徳を知らないからである。「この人たちが悪徳を知らずにいることは、別の人たちが美徳を知っていることよりも有益である」[*18]〔原文ラテン語〕。加えて、ホッブズがまったく気づかなかった原理がいまひとつある。それは、ある種の状況のもとで利己愛の激しさを、あるいはこの愛が生まれる前には自己を保全しようとする欲望を和らげるべく人間に与えられたもので、自分の同類が苦しむのを見ることに対する生得的な嫌悪によって、人間がもつ自分の安寧を求める熱情を静める。このうえなく極端な口調で人間の美徳を中傷した人〔マンデヴィル〕でさえ認めざるをえなかった唯一の自然にかなった美徳を人間に認めることで、いかなる反論も恐れることはあるまい。ここで話題にしているのは憐れみの情であり、私たちのように弱く、これほどたやすく悪に陥ってしまう存在にふさわしい性向である。人間にあっておよそ反省することに先立つものだけに、いっそう普遍的で人間にとって有益な美徳である。また、獣でさえときにはっきりとした徴候を示すほど、自然にかなった美徳である。子供に対する母親の優しい愛情、子供たちを守ろうとして母親が冒す危険についてはいうまでもなく、ウマが生き物の身体を足で踏むのを嫌うところを毎日のように目にする。同じ種の動物の死体のそばを通るとき、動物とて不安を感じずにはいられない。中には埋葬のようなことをする動物さえいる。家畜を殺す場所へとひかれていく家畜の悲しげな唸り声は、恐ろしい光景にうちのめされて、どのような印象を受けたのかを告げている。『蜂の寓話』[*19]の著者が、人間が同情心をもった感じやすい存在であることを認めざるをえなくなって、その例を示す際、ふだんの冷徹で狡猾な文体から離れているのを見ると、うれしくなる。それは、牢につながれたひとりの男が、外で猛獣が母親の胸から子供を奪い、この子供の弱々しい手足をするどい歯で食いちぎり、ぴくぴくと動くはらわたを爪で引き裂いているのを見かけるという、悲痛な光景である。この出来事にいかなる個人的な利害ももっていなくても、これを目撃して恐ろしい動揺を覚えずにいられるものだろうか。この光景を目の当たりにしながら、気絶した母親にも息たえだえの子供にもいかなる救いの手もさしのべてやれないことに、どれほど苦悩することだろう。

＊17　ホッブズ『市民論』序文。この一節については、『エミール』第一編にも批判的言及がある。

＊18　ユニアヌス・ユスティヌス『地中海世界史』二・二・一五。この一節は、グロティウス『戦争法と平和法』第二巻第二章第二節の注6に引用されている。

＊19　オランダに生まれ、ライデン大学で医学と哲学を学んだ後、イギリスに帰化した諷刺作家マンデヴィル（Bernard de Mandeville）（一六七〇—一七三三年）の著作（一七一四年、仏訳版一七四〇年）。巣の中の蜂はそれぞれ私欲の追求に終始しているものの、その結果、巣全体には豊かで秩序ある社会生活がもたらされている。ぜいたく、虚栄心、貪欲、ねたみといった私的な悪徳が、経済的繁栄という公共の利益を生み出しているという主張は、節度を求める伝統的なキリスト教倫理を退けた新たな社会秩序形成の可能性を開く議論として、少なからぬ思想家から注目された。たとえば、同書の道徳観を批判するアダム・スミスの思想にも、大きな影響が認められる。

あらゆる反省に先立つ、自然に基づいた純粋な衝動とはこのようなものである。自然にかなった憐れみの情の力とはこのようなものである。このうえなく腐敗した習俗といえども、憐れみの情を破壊することはできない。暴君の地位にでもつこうものなら、敵の苦痛をもっと大きなものにしそうな人が、不遇な人の不幸にほろりとなって涙を流すさまを、私たちの劇場に行けば毎日のように見られるのだから。［一七八二年増補：この人はさながら、自分が原因になっていない悪事については敏感だった残忍なスッラ、あるいは、自分の命令で毎日のように喉を掻き切られる多くの市民たちの叫び声を平然と聞き流しながら、アンドロマケーやプリアモスとともにうめき苦しむ姿を人に見られるのを恐れて、いかなる悲劇の上演にも臨席を拒んだフェロスのアレクサンドロスとそっくりである。

やさしい心
これこそ自然が人類に与えた贈り物。
それで涙が流れ出る。[20]〔原文ラテン語〕

*20　ユウェナリス『諷刺詩』一五・一三一―一三三行。

理性を支えるものとして、憐れみの情を自然が人間たちに与えていなかったとしたら、どんなに美徳をそなえていようとも、人間たちは怪物以外のなにものでもありえなかったに違いないということを、マンデヴィルは、よく感じ取っていた。しかし、自分が人間たちに拒んだあらゆる社会的美徳が、実はこのたったひとつの特質から生じるのだということを、この人は見損なってしまったのである。実際、慈悲、寛大、人間愛は、それぞれ弱者、罪人、人類一般に適用された憐れみの情でないとすれば、いったいなんであろうか。善意や友情さえ、よく見てみると、特定の対象に一貫して注がれた憐れみの情が生み出したものである。なぜなら、誰かが苦しまないように望むことは、すなわち、その人が幸せになるのを望むことにほかならないではないか。惻隠の情が苦しんでいる人の立場に私たちを据える感情にほかならず、野生人にあってはおぼろげながらも力強い感情で、文明人にあっては発達しているのに弱々しい感情であるというのが真実であれば、このような観念は私のいっていることが真実であることを、さらに下支えしてくれるに違いないのではなかろうか。実際、惻隠の情は、苦しんでいる動物とそばで見ている動物が親密に一体化すればするほど、力強くなるだろう。この一体化は、理性を働かせる状態よりも自然状態においてはるかに緊密であることが明らかである。利己愛を生み出すのは理性である。利己愛を強固にするのは反省である。人間を自分の殻に閉じ込めるのは反省である。およそ邪魔になるもの、苦しみを与えるものを人間から遠ざけるのは反省である。人間を他から切り離すのは哲学である。ほかの人間が苦しんでいるのを見ながら、「勝手に死ぬがよい、私は安全だ」などと密かにつぶやかせるのは、哲学である。哲学者の平穏な眠りをかき乱し、床から引き離すことがあるとすれば、それは社会全体に危険が及ぶ場合だけである。哲学者の家の窓の下で、その同類の喉を掻き切っても報いを受けることはない。殺害される人と自分を一体化させようと自分のうちで反旗を翻す自然にあらがうには、手で耳をふさいで、ほんの少し理屈をこねれば十分である。野生人には、このような見事な才能がない。知恵と理性を欠いているので、よく考えもせずに、いつでも人類愛に基づく最初の感情に身を委ねる。暴動や巷《ちまた》でけんかがあれば、下層の人たちは集まってくるけれども、慎重な人たちはこれを敬遠する。戦っている人たちを引き離し、相手の喉を掻き切ろうと争っている紳士たちを押し止めるのは、下層民や市の女たちである。

したがって、憐れみの情が、各個体にあって自己愛の活動を和らげ、種に属するすべての個体が相互に保全するのを助ける、自然にかなった感情であることは確かである。苦しんでいる人たちを見たとき、反省するまでもなく、助けに行くよう私たちをかりたてるのは、この憐れみの情である。自然状態にあって法律、習俗、美徳のかわりとなるのは、この憐れみの情である。しかも、憐れみの情の優しい声に逆らおうなどという気を起こす者はひとりとていない、という利点が付け加わる。およそ頑強な未開人が、よそで自分の食べ物を見つける希望がある場合に、弱い子供や身体の不自由な老人が苦労して得た食べ物を奪うようなまねをさせないのは、この憐れみの情である。「汝が他人からしてもらいたいとおりに、汝が他人になせ」という、理性にかなった正義の崇高な格率[*21]のかわりに、それと比べれば完成度ははるかに及ばないけれども、おそらくはもっと役に立つ、「可能な限り他人の不幸を少なくしつつ、自らの幸福をはかれ」という自然にかなった善性に基づいた別の格率をすべての人間たちに吹き込むのは、この憐れみの情である。要するに、教育によって教えられる格率などとは縁がないとしても、およそあらゆる人間が悪をなすときに嫌悪を感じる原因は、精密な議論などにではなく、この自然にかなった感情にこそ求めなければならないのである。ソクラテスやこれに類する精神をもった人たちであれば、理性によって美徳を獲得できるだろう。けれども、人類の保全が、もっぱらその構成員が理性を用いることだけに左右されるのだとしたら、人類はとうの昔に滅んでしまっていたはずである。

*21 『マタイによる福音書』七・一二、『ルカによる福音書』六・三一に見える、いわゆる「イエスの律法」。

このように情念がほとんど活動していないのに加えて、きわめて有効な情念の歯止めをもつ人間たちは、邪悪というより非社交的である。他人に危害を加えようなどと考えるよりも、自分が受けるかもしれない危害から身を守ることに注意を払う。それで、ひどく危険な争いごとはほとんど起こらなかったのである。互いの間にはいかなる種類の交流もなかったので、虚栄心も敬意も尊敬も軽蔑も知らず、君のものと私のもの〔所有〕という観念もまったくもたず、正義の真の観念などひとつももたなかった。自分が受けるかもしれない暴力を、罰すべき侮辱ではなく、容易に償いのつく不幸とみなして、復讐など考えさえしなかった。もっとも、投げつけられた石に犬が噛みつく場合のように、その場で機械的に反応することはあったかもしれない。餌よりも重大な理由でもなければ、けんかをしたところで、血を流すようなことはめったになかった。とはいえ、より危険なことがひとつあり、それについてはこれから話題にしなければならない。

人間の心を揺るがす情念の中に、燃えるように熱く、激しいものがひとつあって、それは異性を必要とさせる。恐ろしい情念で、どんな危険ものともさせず、どんな障害もはねのけさせる。人類を保全させるよう定められたはずなのに、熱狂すると人類を滅ぼしかねないように見える。恥じらいも慎みもなく、この抑えがたい荒々しい激高にさいなまれて、血を流しながら愛する相手たちを手に入れようと日々争うなら、いったい人間たちはどうなってしまうだろう。

まず、認めておかなければならないのは、情念が激しければそれだけ、それを抑える法律が必要になるということである。しかし、私たちの間で情念が毎日のように引き起こしている無秩序や犯罪を見れば、この点について法律が不十分であることはよくわかる。それに加えて、無秩序が法律そのものとともに生じたのでないことを確かめてみるのは、さらに有益だろう。というのも、法律が犯罪を抑えられるのであれば、法律がなければ存在すらしなかったはずの悪を止めるくらいのことは、せめて法律に求めてしかるべきだからである。

恋愛感情について、精神的なものと肉体的なものを区別することから始めよう。肉体的なものとは、異性と結びつきたいという、あの一般的な欲望である。精神的なものとは、この欲望を他でもないただひとりの対象に固定するもの、あるいは少なくとも、その選り好みした対象のために膨大なエネルギーをこの欲望に注ぎ込むものである。容易にわかることだが、恋愛における精神的なものは、社会の慣習から生まれる人為的な感情である。女性たちは、きわめて巧みに念を入れてこの感情を褒めたたえては、本来なら従う側になるはずの性を優勢にさせて、自分たちの支配をうちたてる。この感情の根拠となるのは、未開人がもつことなどできないある種の長所や美しさについての観念や、未開人がなすことなどできない比較であるから、この感情は未開人にはほとんど見られないに違いない。未開人の精神は、均整とか調和についての抽象的観念を形作ることができないから、その心に、称賛や恋愛の感情がかき立てられることはない。自分では気づいていなくとも、こうした観念を適用することで、称賛や恋愛の感情が生まれる。未開人は、もっぱら自然から受け取った肉体的欲望だけに耳をかたむけ、まだ獲得できていない趣味《グー》［一七八二年訂正：嫌悪感《デグー》］には耳をかたむけないので、女性なら誰でもよいのである。

　もっぱら恋愛の肉体的なものだけにとらわれ、感情を高ぶらせて困難を大きくする、選り好みを知らない分だけ幸せな人間たちが、肉体的欲望の熱情を感じることは、それほど多くなかったはずだし、それほど激しくもなかったはずである。したがって、けんかになることもそうそうなかっただろうし、それほど残酷になることもなかっただろう。私たちの間であれほどの災難を生じさせている想像力は、未開人たちの心になにも話しかけない。それぞれが静かに自然の衝動を待ち、熱狂よりも快楽とともに相手を選ぶこともなく身を委ね、欲求が満たされれば、欲望はことごとく消え失せる。

　したがって、他の情念と同じように恋愛についても、あれほど頻繁に人間たちにとって不吉なものとなる激しい熱情は、ほかならぬ社会の中で獲得されたのだということに、議論の余地はない。未開人たちが互いに喉を掻き切りあって、その粗暴さを満足させているなどと思い描くのは、まったく滑稽である。このような意見は経験とは正反対であり、現存する民族の中でも、これまでのところもっとも自然状態から離れるところが少ないカライブ人たちが、常に恋愛をこのうえなく激しく活動させるように思われる燃えるような気候のもとで暮らしていながら、恋愛については比類なく穏やかで、嫉妬を見せないのだから。[*22]

＊22　この記述の典拠は、モンテーニュ『エセー』第一巻第三二章。

動物の中には、雄たちが争って四六時中私たちの家畜小屋を血まみれにしたり、春になると雌をめぐって争う叫びを森にとどろかせたりする種がいくらもある。そこから帰納的に引き出しうる点についていえば、両性の間の相対的な力関係について、私たち人間とは異なる関係を自然がうちたてた種について、すべて除外してかからなければならない。したがって、雄鳥の争いから、人類にあてはまる帰納的結論は引き出せない。雄と雌の割合が比較的よく保持されている種で、この類の争いが生じるとすれば、雄の数に比して雌の数が極端に少ない場合か、雌が雄が近づくのを一貫して拒む期間に限られているかの、いずれかでしかありえない。後者の場合は、前者と結果的に同じことになる。というのも、雌がそれぞれ一年に二ヵ月しか雄を受け入れないなら、雌の数が六分の五減ったのと同じことになるからである。ところで、この二つの事情は、人類にあてはめることはできない。人間にあっては、女性の数が男性の数を上回っているうえ、他の種の動物たちのような雌に発情する時期と雄を排除する時期は、未開人たちの間でさえ、これまで観察されたことが決してない。付け加えるに、発情期をもつ動物には、種全体が同時に興奮状態に入るものもあり、その場合、恐ろしい熱狂が行き渡って、騒乱、無秩序、争いが引き起こされる恐ろしい時期が到来する。

しかし、恋愛が周期をもつことなど決してない人類には、このような期間は存在しない。したがって、雌を得るためにある種の動物が引き起こす争いを根拠にして、同じことが自然状態の人間にも起こるなどと結論することはできない。仮にこのような結論を導き出すことができるとしても、こうした衝突のために他の種の動物が滅びることはないのだから、少なくとも、私たちの種にとっても、この衝突はたいして有害ではないと考えるべきである。こうした衝突が自然状態にあっては社会のただなかで起こるほどの惨禍をもたらさないであろうことは明らかである。とりわけ、なんらかの理由で習俗が重んじられている国々では、恋する男たちの嫉妬や夫たちの復讐によって、毎日のように決闘、殺人、あるいはさらに凄まじい事件が引き起こされ、永遠の貞節を誓う義務はかえって不義をなさせる以外に役に立たず、禁欲と名誉に関する法律が必然的に放蕩を広めて、堕胎の数を増やしているのである。

結論しよう。工夫をこらすことも、言葉を話すこともなく、決まったすみかもなく、戦争もなく、他人との関係もなく、自分の同類たちに害を及ぼす欲望を少しももたないのと同じように同類たちを少しも必要とすることなく、おそらくは誰かを個別に見分けることなど決してなく、森の中をさまよっていた野生人は、ほとんど情念にとらわれることなく、自分ひとりで事が足り、この状態に適合した感情と知識しか持ち合わせていなかった。真の欲求だけを感じ、見て利があると思われることしか見つめず、虚栄心も知性もほとんど進歩が見られなかった。偶然なにかを発見しても、自分の子供さえ見分けがつかないくらいだから、それを他人に伝えることなどできなかった。発明した人の死とともに技芸も滅んだ。教育も進歩もなく、いたずらに世代が交代していった。おのおのの世代は、いつも同じ地点から出発し、原初の時代のまったき粗野のままに、数世紀が流れた。種はすでに老いていたのに、人間はいつまでも子供のままであった。

この原初的な境遇について想定されることをめぐって、こんなにも長々と述べてきたのは、古くからの誤謬と根の深い偏見を打ち砕く必要があったからである。根に届くまで穴を掘ったうえで、真の自然状態を描く中で、不平等が、たとえそれが自然にかなったものだとしても、この状態にあって私たちの著述家たちが述べるような現実性と影響力をもつことからいかにほど遠かったのかを、示さなければならないと考えたのである。

実際、容易に見てとれるように、人間たちに区別をつける差異の中には、自然にかなったものとみなされていながら、じつは習慣や、人間たちが社会の中で採用するさまざまな生活様式がつくりだしたものにほかならないものがいくらもある。したがって、体質が頑強であるか柔弱であるかも、それに依存する強さや弱さも、身体の原初的ななりたちに由来する以上に、往々にして育て方が厳格だったか軟弱だったかに由来する。同じように、精神の力についても、教育は教養のある精神と教養のない精神の間に差をつけるだけでなく、教養のある精神の間にも教養の程度の差を広げる。というのも、巨人と小人が同じ道を歩けば、それぞれが一歩進むたびに、巨人がますます有利になるからである。ところで、文明の状態にあってそれぞれの身分で広がっている教育や生活様式が驚くほど多様であることと、同じものを食べ、同じように生活し、まったく同じ行動をする動物的未開の生活が素朴で画一的であることを比べてみれば、自然状態において人間と人間の差異がいかに小さなものであったに違いないか、人類にあって、制度的な不平等によって自然にかなった不平等がいかに増大したに違いないかが理解できるだろう。

自然がその贈り物を配分する際、人のいうように選り好みをするのだとしても、お互いの間にほとんどいかなる種類の関係も認められないような事物の状態では、このうえなく優遇された人たちといえども、他の人たちを犠牲にしてどのような利点を引き出せるというのだろう。恋愛などないところで、美貌がなんの役に立つというのだろう。話もしない人たちにとって才知がなんだというのだろう。取引などしない人たちにとって悪知恵がなんだというのだろう。常々、このうえなく強い者たちが弱い者たちを抑圧するであろう、と繰り返されるのを聞く。しかし、この抑圧という語を、なにを意味するものとして使っているのか、説明していただきたい。ある者たちは暴力をもって支配し、その気まぐれのなすままに、別の者たちが隷属しながらうめき声をあげるだろう。まさにこれが、私たちの間に見てとれることである。しかし、どうしてこれが野生人たちについていいうるのか、私にはわからない。支配とか隷属ということがなんであるのかを野生人たちに理解してもらうだけでも大変苦労するだろう。誰かが摘んだ果物、誰かが殺した獲物、誰かが隠れ家にしている洞穴を奪うことは大いにありうる。だからといって、誰かを服従させるなどということが、いったいどうやってできるというのか。なにも所有していない人間たちの間で、なにが人を従属させる鎖になるというのか。ある木から追い出されたら、私は別の木に移ればよいだけのことである。ある場所で誰かに苦しめられるなら、私がよそに行くのを誰が妨げるというのだろう。自分ではなにもせず、私を働かせて生活の糧を提供させるのに十分なくらい、力が私よりも強く、堕落していて、怠惰で、冷酷な人がいたとしよう。その人は、一瞬たりとも私から目を離してはならないし、眠っている間に私が逃げたり、この人を殺したりするといけないから、念には念をいれて私を縛りつけておかなければならなくなるだろう。そうすると、自分が避けたいと思って私に押しつけた苦労よりはるかに大きな苦労を、自ら進んで引き受けることを強いられることになる。その挙げ句に、ほんの一瞬でも用心をゆるめたら、どうなるだろうか。思いがけない物音がしてそちらに顔を向けたら、どうなるだろうか。私が森の中に二十歩も入れば、私を繋いでいた鎖は断ち切れ、この人は生涯、私と会うことはない。

こうした細々としたことを無用に続けなくても、誰でもわかるはずである。隷属の鎖をつくりだすものは、もっぱら人間たちの相互的依存と、人間たちを結びつける相互的欲求だけであって、誰か別の人がいなくてはならないような状況にあらかじめ置いておかなければ、ひとりの人間を隷属させるのは不可能であると。別の人がいなくてもすませられるという自然状態にしか存在しない状況のために、各人は束縛から自由であり、最強者の法も効力をもたないのであると。

自然状態にあっては、不平等はほとんど認められず、ほとんどいかなる影響も及ぼさないことを証明した後で、残された課題は、不平等の起源と進展を、人間精神が次々に発達していく中で示すことである。完成に向けて自己を改善する能力、社会的な徳、自然にかなった人間が潜在的に受け取っていた他の能力は、それじたいでは決して発達できず、発達するためには、決して生じないこともありえたはずの外部の原因がいくつも偶然に一致する必要があったこと、そうしたことがなければ、人間は永遠にその原初的なりたちにとどまっただろうことを示した後で、なお残された課題は、人類を堕落させることによって人間理性を完成に向けて改善することを可能にし、はるかかなたから人間と世界を私たちが現在目にしている地点まで導いて、人間存在を社交的にすることによって邪悪にすることを可能にした、さまざまな偶然について考察し、関連づけることである。

白状すれば、これから描くべき出来事は、いくつものやり方で起こりえたので、そのうちのどれを選ぶのかを決めるのに、頼れるものといえば憶測だけである。しかし、それが、事物の本性から引き出されうるもっとも蓋然性が高い憶測であり、真理を発見するためにもちうる唯一の方法である場合には、憶測は道理となるだけでなく、私の憶測から引き出そうとする結論が、だからといって憶測的なものになるわけではないだろう。というのも、私がいましがたうちたてた原理に基づく限り、私と同じ結論をもたらさないような、同じ結論を私が引き出すことができなくなるような、いかなる体系もつくることはできないだろうから。

以上をふまえれば、次の点について、長々と私が考察する必要はないだろう。出来事があまりほんとうらしく見えなくても時の流れが埋め合わせてくれるだろうということ、きわめて軽い原因であっても間断なく作用しつづけると驚くべき力をもつということ、ある種の仮説について、事実の確実性の程度を評価できる状態にないからといって、破壊することはできないということ、二つの事柄が事実として与えられており、そこに未知の、あるいは未知とみなされる中間的な事柄を結びつける必要があるとき、それらを結びつける事柄を示すのは歴史があるのなら歴史の役割であること、歴史がないのなら、それらを結びつけることができそうな類似する事柄を見定めるのは哲学の役割であること、最後に、出来事について、類似によって、ふつう想像されるよりはるかに少ない数に分類することができるということ。これらの点については、私の審査員の方々に考察していただければ十分だと考える。そうすることで、一般読者がこのような点について考察する必要がないようにしておけば十分だと考える。

第二部

ある土地に囲いをして、「これは私のものだ」といおうなどと思いつき、こんなたわごとを信じるほど純朴な人々を見いだした最初の人こそ、政治社会の真の創始者であった。杭を引き抜きながら、あるいは堀を埋めながら、「このペテン師のいうことを聞いてはいけない。果実はみんなのものであり、土地は誰のものでもないということを忘れたら、あなたたちはおしまいだ」と仲間たちに叫んだ人がいたとしたら、人類はどれほどの犯罪、戦争、殺戮を、どれほどの悲惨と恐怖を免れることができただろう。しかし、この時には、ものごとがかつてそうであったままであり続けることなどできないところにきてしまっていたように思われてならない。というのも、所有の観念が人間精神のうちに一挙に形作られることはないからである。所有の観念がつくられるには、それに先立って数多くの観念がつくられていなければならないが、これらの観念は順を追って生じるほかない。この自然状態の最後の段階にまでたどりつくのに先立って、多くの進歩を遂げ、多くの工夫と知識を獲得し、獲得したものを時代を越えて伝え、豊かにたくわえておかなければならなかった。そこで、ものごとをさらにさかのぼって、ゆっくりと順を追って起こった出来事と知識を、ただ一つの視点からいちばん自然にかなった順序で集めてみることにしよう。

人間にとって最初の感情は、自分が生存している、という感情である。その最初の配慮は、自分を保全する配慮である。人間が必要とするあらゆる物資を大地の産物が提供してお り、人間は本能によってそれを利用するようになった。空腹やその他の欲求によって、人間は次から次へとさまざまな生存のあり方を経験した。その中には自分の種を永遠に存続させるよう導く欲求もあった。この盲目的な性向には、およそあらゆる心情的な感情が欠けていたので、純粋に動物的な行動だけを生み出したにすぎなかった。欲求が満たされれば、男も女ももはや相手の顔を覚えておらず、子供でさえ、母親がついていなくてもすむようになるや、もはや母親にとってどうでもよい存在になってしまうのだった。

生まれたばかりの人間の境遇は、このようなものであった。まずは純粋な感覚しかもたず、自然から贈られた才能をほとんど活用できず、自然からなにかを奪い取ろうなどと考えるにはほど遠い動物の生活とは、このようなものであった。しかし、やがて困難が目の前にたち現れ、困難に打ち勝つことを学ばなければならなかった。木が高すぎて果実に手が届かないとか、その果実を食べようとしている他の動物たちと競わなければならないとか、自分の命を狙っている凶暴な動物たちから身を守らなければならないといったすべてのことが、人間につとめて身体を鍛えるように強いた。敏捷に、速く走れるように、たくましく戦えるようにならなければならなかった。木の枝や石といった自然に見つかる武器が、やがて人間の手に握られるようになった。自然が課した障害を乗り越え、必要とあらば他の動物たちと講談社学術文庫のシンボルマークはトキを図案化したものです。トキはその長いくちばしで勤勉に水中の虫魚を漁るので、その連想から古代エジプトでは、勤勉努力の成果である知識・学問・文字・言葉・知恵・記録などの象徴とされていました。

学術をポケットに！

学術は少年の心を養い
成年の心を満たす

講談社学術文庫

戦い、人間たちの間でさえ食料を争い、自分より強いものに譲らなければならなかったものを埋め合わせることを、人間は学んだのだった。

　人類が拡散するにつれて、人間の数が増えるのとならんで、苦労の数も増えていった。土地、気候、季節の違いが、人間たちに生活様式を変えるように強いたかもしれない。不作の年、長く厳しい冬、すべてを焼き尽くすような夏を前に、人間たちは新たな工夫をこらさないわけにはいかなかった。海や河に沿ったところでは、釣り糸と針を発明して漁師となり、いつも魚を口にするようになった。森の中では、弓と矢をつくって狩人となり、好戦的になった。寒い国では、殺した獣の皮を身にまとった。雷や火山といった、なにか幸運な偶然から、人間たちは火というものを知り、厳しい冬に備える新しい手段を手に入れた。この元素[*23]を保存したり、再生したりする術を人間たちは学び、ついには、それまで生のまま貪っていた肉を、火で調理する術を学んだ。

＊23　第一部でも言及されたように（訳注＊14参照）、土、水、火、空気は、古代人が自然界を構成すると考えた四大元素であった。

　このように繰り返し繰り返し、さまざまな存在者と自分を、あるいは、ある存在者と別の存在者を関係づけているうちに、人間精神のうちに自然とある種の関係性の知覚が芽生えた。大きい、小さい、強い、弱い、速い、遅い、臆病な、大胆なといった語や同様の他の観念によって私たちが表現している関係性から、このほとんど気にとめられることもなく、必要に応じて比較される関係性から、ついには人間のうちに、ある種の反省、いやむしろ、反射的な慎重さを生じさせて、自分の身を守るためにもっとも必要な配慮がなんであるのかがわかるようになったのである。

この発達の結果として新たに獲得した知識によって、人間の他の動物たちに対する優越性が増すとともに、人間自身もこの優越性を自覚するようになった。人間は動物たちに罠をしかけようと、あれこれ試した。動物の中には、戦えば人間より強いものもあったし、走れば人間より素早いものもあったけれども、人間は手を替え品を替え動物たちをだました。人間は、時間がたつにつれて、自分にとって役に立つかもしれない動物たちに対しては主人になり、自分に害を与えるかもしれない動物たちに対しては疫病神になった。このようにして、人間がはじめて自分自身に投げかけた視線によって、傲慢が働きはじめた。このようにして、人間はまだほとんど序列を区分できないうちに、自分が属する種が第一位を占めているのを見ることで、いずれは個体としても第一位を要求する心づもりになっていたのだった。

このような人間にとって同類たちが意味するところは、私たちの間で見られるものとは異なっていた。他の動物たちとほとんど交渉をもたなかったように、同類たちとも交渉をもたなかったとはいえ、観察の対象として同類たちが忘れられるわけではなかった。時がたつにつれ、自分と同類たちの間で一致する点、自分の種の雌と自分の間で一致する点に気づくと、それまで気づかなかった一致する点についても判断を下すようになった。同じ状況に置かれたとしたら自分もしたに違いないように誰もが行動するのを見て、同類たちも自分とまったく同じように考え、感じるのだと結論づけた。この人の精神のうちに、この重大な真理がうちたてられると、弁証法と同じくらい確実で、よりすばやく働く予感から、自分の利益と安全のために最善の規則に従った。この規則を同類たちとともに遵守することが、この人にとって都合がよかったのである。

経験を通じて、安寧への愛こそが人間の行動の唯一の原動力だと学ぶと、みなに共通の利害のために同類の助けを期待しなければならないようなまれにしか起こらない場合と、競争のために同類たちに挑まなければならないようなさらにまれな場合とを区別できるようにもなった。第一の場合、群れをつくって結びつくこともあれば、誰にも強要することのない、それをつくらせた一時的な必要がある間だけに限定されたある種の連合《アソシアシオン》によって結びつくこともあった。第二の場合、各人は自分が利益を得られるようにつとめて、自分に力があると思われる場合には正々堂々と戦い、自分の方が弱いと感じれば狡智と計略を用いた。

このようにして、人間たちは、まったく気づかないうちに、相互の約束と、約束を守ることで得られる利益について、なにがしかの粗野な観念を獲得したのだった。しかし、目に見える差し迫った利害がそれを求めうる場合に限ったことでしかなかった。というのも、予見能力はこの人たちにとってはなにものでもなく、遠い未来にかかわることどころか、翌日のことさえ考えられなかったからである。シカを捕まえようとしていて、各人がそのために持ち場をしっかり守らなければならなかったとしよう。そこにノウサギが誰かの手が届きそうなところを通りすぎるようなことでもあれば、その者がためらいもなくノウサギを追いかけることに疑いの余地はあるまい。自分の獲物を捕まえさえすれば、仲間たちと捕まえようとしていた獲物を逃すことなど、まったくといっていいほど気にかけなかっただろう。

このような交渉にあって、ほとんど同じように群れをつくるカラスやサルが用いるものよりはるかに洗練された言語が必要になるわけではないことは、容易に理解される。分節化されていない叫び声、多くの身ぶり、いくらかの模倣音が、長い期間にわたって、〔いつでもどこでも用いられる〕普遍的言語を構成していたに違いない。そこにそれぞれの地方ごとに、分節化された制度的な音がいくらか付け加えられて、今日のさまざまな未開部族がもつのとほとんど同じような、粗野で不完全な固有の言語をもつようになったのである。もっとも、すでに触れたように、この分節化された音がどのように制度化されたのかは、容易には説明できないけれども。ここで私はあまたの世紀を、矢のように駆け抜けることにする。ゆっくりと時は流れる。私には述べるべきことがたくさんあるというのに、初期の進歩はほとんど見てとれないほどなので、ほかにやりようがないのである。あいついで起こる出来事の間隔がゆったりしていればいるほど、その記述は手早くすんでしまうからである。

こうした初期の進歩のおかげで、ついに人間は進歩の速度を上げられるようになった。精神が啓発されればされるほど、工夫もますます完成に向けて改善された。やがて、最初に見つけた木で眠ったり、洞窟の中に引きこもったりするのをやめて、かたく鋭利な石でできた斧のようなものを見つけ、これを役立てて木を切り、土を掘り、枝をたばねて掘っ建て小屋をつくり、ついで、この小屋を粘土や泥で塗り固めることを思いついた。これこそが、ほかとは区別された家族をうちたて、ある種の所有が導き入れた、第一の革命の時代だった。ものを所有することによって、数多くの諍《いさか》いや争いが生じただろう。とはいえ、先に住居をつくったのは強い者たちで、それを守れる自信をもっていただろうから、弱い者たちは相手を追い出そうとするよりも自分たちもまねをした方が、簡単で確実だと考えたのではないかと思われる。すでに小屋をもっていた人たちにしても、隣の小屋を自分のものにしようとする者はほとんどいなかったに違いない。小屋が自分のものでなかったからではなく、自分には無用だったからであり、横取りするにはその小屋を占有している家族と激しく争う覚悟をしなければならなかったからである。

こうして夫と妻が、父親と子供たちが、ひとつ屋根の下に暮らすという新しい状況の結果として、心情の最初の発達がもたらされた。一緒に暮らす習慣から、夫婦愛と父性愛という、人間たちがもちうるもっとも優しい感情が生まれた。それぞれの家族は、お互いの愛着と自由だけを絆としているだけに、いっそう強く結びついた小さな社会となった。まさしくこのとき、それまでまったく同じように生きていた男性と女性の生活様式に最初の差異が確立されたのだった。女性たちは以前よりも家に引きこもるようになり、男性がみんなの食料を探しに行っている間、小屋と子供たちの面倒を見ることに慣れていった。[*24] このようにして男性も女性も以前よりもいくらか穏やかな生活を送るようになったため、かつての凶暴さと激しさをいくぶんかは失った。ひとりひとりを切り離してみれば野生の獣たちと戦うには以前よりも不向きになったとはいえ、共同して立ち向かうために以前よりも容易に集まることができるようになったのである。

＊24　ここで男性は単数形、女性たちと子供たちは複数形になっている。この時期の家族の構成について、ルソーがどのような形を想定していたのかは、議論の余地がある。

この新しい状態にあって、人間たちは素朴で孤立した生活を営み、欲求はきわめて限定されていて、欲求を満たすために発明した道具をもっていたので、暇な時間をもてあましていた。そこで、父祖たちが知らなかったさまざまな便宜品を手に入れるために余暇を用いた。これこそが、考えだにせずに、人間たちが自らに課した最初のくびきであり、子孫たちに準備してしまった不幸の最初の源泉であった。というのも、このようにして人間たちはますます身体と精神を柔弱にしてしまったのに加え、これらの便宜品は、それを手にする習慣のためにほとんどまったく魅力を失っていたにもかかわらず、いつのまにか真の欲求になっていたので、それを失ったときには所有したときに穏やかな気持ちになるよりもはるかにつらく思うようになって、便宜品を所有しても少しも幸せではないのに、失えば不幸になるようになってしまったからである。

それぞれの家族のただなかで、どのようにして言葉の使用がうちたてられ、あるいは、知らず知らずのうちに完成に向けて改善されたのかを、ここでこれまでよりはっきり垣間見ることができるはずである。また、どのようにしてさまざまな個別的原因によって、言葉が以前よりもいっそう必要になることで、言葉の使用が広まり、言葉の進歩を促進させることができたのかについても、推測できよう。大洪水や地震が、人の住んでいる地域を水や絶壁で取り囲んでしまったり、地殻の変動が大陸の一部を切り離して島にしたりすれば、大陸の森の中を自由にさまよい歩いていた人たちとは異なって、近づけられ、一緒に生きることを強いられた人間たちの間で、共通する慣用表現がつくられたに違いないことが理解できよう。したがって、島の住民たちが航海を試みるようになってはじめて、島の住民を通じて言葉の使用が私たちの間にもたらされた可能性がきわめて高い。少なくとも、社会と言語が島々の中で生まれ、社会と言語が大陸で知られるようになる以前に島々で完成に向けて改善されたというのは実に真実味がある。

すべてのことがらが姿を変え始める。それまで森の中をさまよい歩いていた人間たちは、以前よりも固定した落ち着き先を得たことによって、ゆっくり近づくようになり、集まっていくつかの群れをつくり、ついには各々の地域ごとに個別の部族をつくるようになる。部族の中にあって、人々は規則や法律を通じてではなく、同じような生活や食べ物を通じて、また、環境から受けた共通の影響を通じて、習俗と品性を同じくしている。いつも近所にいれば、いくつかの家族の間になんらかの関係を生み出さずにはおかない。近所の小屋に暮らす若い男と女は、自然が要求する一時的な交渉をもつと、いずれまた交渉を重ねるようになり、それは心地よさで劣ることはなく、しかも互いに頻繁に行き来するうちにより長続きするものとなる。別々の対象を注視して比較することに慣れてくる。知らず知らずのうちに、価値と美の観念が獲得され、そこから選り好みの感情が生じる。なんども会っているうちに、もっと会わずにはいられなくなる。愛情に満ちた優しい感情が魂の中に忍び込み、ほんのわずかでも邪魔が入ると、猛烈な怒りがこみあげてくる。恋愛とともに、嫉妬心がめざめる。不和の女神《ディスコルディア》が勝利すると、情念の中でももっとも優しいものが、人間の血をいけにえとして受け取るようになるのである。

つぎつぎと観念や感情を獲得するにつれて、精神と心は鍛えられ、人類はさらに互いに親しくなり、関係が広がり、絆は固くなった。小屋の前や大きな木を囲んで集まることに慣れていった。愛情と余暇の嫡子である歌と踊りが、暇をもてあまして集まった男たちと女たちの楽しみごとに、いや、むしろ仕事になった。おのおのは他の人たちを注意して見るようになり、自分自身も人から見てもらいたいと望むようになった。こうして、公の尊敬を受けることが価値をもつようになった。歌や踊りがいちばんうまい者、いちばん美形な者、いちばんの力持ち、いちばん巧妙な者、いちばん雄弁な者が、いちばん尊重されるようになった。これこそが、不平等への、そしてまた悪徳への、最初の一歩だった。この最初の選り好みから、一方では虚栄心と軽蔑が、他方では恥と羨望が生まれた。そして、この新しいパン種の発酵によって、ついに幸福と無垢にとって不吉な合成物がつくられたのである。

人間たちが互いに評価し合うようになり、精神のうちに尊重の観念が形成されると、すぐに誰もが自分こそ尊重される権利があると主張した。もはや誰に対しても、尊重を欠いたなら、害を受けずにはいられなくなった。ここから、未開人たちの間にさえ、礼儀作法の最初の義務が生じた。こうなると、意図的に迷惑をかけることはすべて侮辱とみなされた。というのも、損害をもたらした不正に加えて、往々にしてその損害そのものよりも耐えがたい自分の人格に対する軽蔑を、侮辱された人はその不正のうちに見てとったからである。各人は自分に示された軽蔑を、自分自身を重んじるのに比例した形で罰するので、復讐は恐ろしいものになり、人間たちは血なまぐさく残酷になった。これこそがまさに、私たちが知るほとんどの未開部族が到達していた段階である。人間がその自然にかなったあり方からして残酷で、これを和らげるために政治機構が必要なのだ、などと性急に結論した人たちがいたのは、観念を十分に区別せず、これらの部族がすでに最初の自然状態からどれほど遠いところにいたのかを注意してもみなかったためである。ところが、原初的状態における人間ほど優しい存在はほかにない。このとき人間は、自然によって野獣の愚かさからも文明人の忌まわしい知識からも等しく離れたところに置かれており、本能と理性によって自分を脅かす害悪から身を守ることしかしない。自然にかなった憐れみの情によって、誰にも害悪を及ぼさないようにひきとめられており、害悪を受けたからといって何もやり返そうとはしない。というのも、賢明なロック〔John Locke（一六三二—一七〇四年）。英国経験論哲学の確立者と目される哲学者〕がいうように、「所有権のないところに不正義はありえない[*25]」からである。

＊25　ロック『人間知性論』第四巻第三章第一八節。

しかし、次の点に注目すべきである。この生まれたばかりの社会と、すでに人間たちの間に確立されていた諸々の関係から、その原初的ななりたちに基づいて人間たちが保持していたのとは異なる資質が人間たちになくてはならないものとなったということ。人間の行動に道徳性が導き入れられはじめるようになり、法律ができる以前には被った侮辱について各人がそれぞれひとりで判断して復讐したので、純粋な自然状態では都合のよかった善性は、生まれたばかりの社会ではもはや不都合なものになっていたということ。侮辱の回数が増えるにつれて、罰もいっそう厳しくせざるをえなかったということ。復讐の恐怖が法律による歯止めの代わりになっていたということ。このように、人間たちは以前より忍耐力をそがれ、自然にかなった憐れみの情はなにがしかの変質を被ってはいたけれども、人間の諸々の能力のこの発達段階は、原初的状態の無気力と私たちがもっている利己愛の激しい活動とのまさに中間にあって、このうえなく幸福でこのうえなく長続きする時期だったに違いない。この状態は革命など起こりようのない、人間にとって最良の状態だったこと[16]、人間がこの時期の外に出てしまったのは、人間たちに共通の利益のためには決して起こってはならなかったはずの、不吉な偶然のためにほかならなかったのだということが、反省すればするほどはっきりとわかる。そのほとんどすべてがこの段階にあるところで見つかった未開人たちの実例は、人類が常にこの段階にとどまるようにつくられていたこと、この状態こそが世界の真の青春期であったこと、その後の進歩は個体を完成へ向けているように見えながら、実際には種を老衰へ向かわせていたことを、確認させてくれるように思われる。

人間たちが粗末な小屋で満足していた限り、着る物を植物の刺《とげ》や魚の骨で縫い、鳥の羽や貝殻で身を飾り、身体にさまざまな色を塗り、弓矢を美しく仕上げ、よく切れる石で釣り舟や簡単な楽器などをつくったりするにとどまっていた限り、要するに、自分ひとりの手でつくることができる、複数の人間たちの手の協力を必要としない技芸だけに励んでいた限り、人間たちはその本性によって可能な限り自由、健康、善良、幸福に生き、独立した者たちの交際がもたらす心地よさを享受し続けていた。ところが、他の誰かの助けを必要とするようになったとたん、ひとりで二人分の食料を手にすることが有益だと気づく者が現れたとたん、平等は消え失せ、所有権が導入され、労働が必要不可欠になった。広大な森はのどかな田園にかわり、そこに人間たちの汗を注ぎ込まなければならなくなった。そのうえ、隷属と悲惨が芽ばえ、収穫が増えるのにともなって増大していった。

冶金と農業という二つの技芸の発明が、この大変革を生み出したのだった。人間たちを文明化し、人類を破滅させたのは、詩人にいわせれば金と銀だったが、哲学者にいわせれば鉄と麦であった。アメリカ大陸の未開人たちは鉄も麦も知らずにいるので、いまなお未開なままである。ほかの部族は、一方を知らずにもう一方のみを行っている限り、野蛮人にとどまっているように思われる。ヨーロッパがもっとも早くからとはいわないまでも、もっとも恒常的に、ほかの地域よりも高度に文明化されている最大の理由のひとつは、もっとも豊かに鉄と麦に恵まれていることである。

いったいどのようにして人間たちが鉄を知り、利用するようになったのか、推測することはきわめて困難である。というのも、まだ結果がどうなるのかを知らないうちに、鉱山から鉱石をとりだして、溶解に必要なことを整えることを自ら思いついたとは、とても信じられないからである。かといって、この発見をなにか偶発的な火事などに起因させることもまた、できまい。鉱山は木も草も生えない不毛の地にしかできないからである。まるで自然は、この致命的な秘密を私たちから隠すために、あらかじめ配慮していたかのようである。そこで残るのは、火山活動のような異常な状況だけである。溶けた金属の鉱石が吐き出されるのを見た人たちが、この自然の作用をまねしてみようという考えをもったのかもしれない。さらに、これほど厳しい労働を企て、そこから引き出しうるはるかかなたにある利益について考えをめぐらせるとなると、この人たちにはかなりの熱意と予見能力があったと仮定しなければなるまい。ところが、そのような仮定は、この時期に想定されるはずの人間たちよりもはるかに鍛練を重ねた精神でなければ、そぐわないであろう。

農業については、実用化されるよりもずっと前から、その原理は知られていた。たえず草木から食べ物を得ようとつとめていた人間たちが、植物の繁殖のために自然が用いる方法について、比較的早い段階で観念をもつようになっていたということは十分にありうる。とはいえ、この方面で工夫をこらすようになるのは、おそらく、かなり後の段階になってからだったに違いない。その理由として、狩りや釣りに加え、人間たちに食料を提供していた木々が人間の手入れを必要としなかったからかもしれない。麦の使い道を知らなかったからかもしれない。耕作のための道具をもっていなかったからかもしれない。未来の必要に備える予見能力を欠いていたからかもしれない。自分の労働の成果を他の人たちが横取りするのを防ぐ手段がなかったからかもしれない。ところで、いくらか勤勉になった人間たちは、鋭利な石やとがった棒を使って、野菜や根菜のたぐいを小屋の周りで栽培しはじめたと考えてもよいだろう。小麦を使った料理を知ったり大規模な栽培のための道具を手に入れたりするのは、ずっと後のことである。このような仕事に励んで、大地に種を蒔くためには、いうまでもなく、後に多くを手に入れるために、まずいくらかを失う覚悟を決めなければならない。このような配慮は、先に触れたような、夜になって必要となるものを朝に考えることがほとんどできない野生人に特有のものの見方からはかけ離れている。

したがって、人類を農業という技芸に励むよう強いるには、他の技芸の発明が必要不可欠であった。鉄を溶かして鍛える人間たちが必要になると、この人たちを食べさせるために他の人間たちが必要になった。職人の数が増えるにつれて、全員の食料を確保するための人手も足りなくなり、かといって食料を消費する口の数が減るわけでもなかった。ある人たちは必要とする食料品を自分たちがつくった鉄と交換で手にいれなければならなかった。ついに別の人たちが、鉄を利用して食料品を増やす秘訣を見つけた。ここから、一方では耕作と農業が生まれ、他方では金属を加工する技術と金属の用途を増やす技術が生まれたのである。

土地の耕作の必然的な結果として土地が分割された。ひとたび所有権が認められるや、最初の正義の規則が生じた。というのも、各人にその人のものを返すには、各人が何かを所有できなければならないからである。それに加えて、人間たちが将来に目を向けるようになると、誰もが失うかもしれないなにがしかの財産をもっていることを認めるや、自分が他人におかすかもしれない不正に対する報復を、自分も他人から受けるのではないかと恐れずにいられる者などひとりもいなかった。生まれたばかりの所有権の観念を抱くことは手仕事による以外に考えられないだけに、この〔正義の規則の〕起源は自然にかなったものであった。というのも、自分がつくってもいないものを我が物とするために、人間が自分の労働のほかになにかを付け加えることができるのかどうかわからないからである。ただ労働だけが、土地を耕した者に自分の耕作した土地の産物に対する権利を与えるのであり、その結果として、少なくとも収穫までその土地に対する権利を与える。このようにして、年を重ねた継続的な占有が、たやすく所有権に形を変える。グロティウスによれば、古代人たちはケレス〔古代ギリシアにおける五穀豊穣の女神デメテルのラテン名〕を立法者と形容し、この女神を讃えるために行われた祭典にテスモフォリアという名を与えたとき、それによって、土地の分割が新たな種類の権利を生み出したことを示したのである。[*26]すなわち、所有権は、自然法《ロワ》から帰結する権利とは異なるものだったのである。

＊26　グロティウス『戦争法と平和法』バルベイラックによる仏訳版、第二巻第二章第二節。

人々の才能が平等で、たとえば鉄の利用と食料品の消費が常に正確に釣り合っていたとすれば、この状態におけるものごとは平等なままであり続けることができただろう。しかし、なにものをもってしてもこの釣り合いを保つことはできず、ほどなくくずれてしまった。力が勝った者はほかより多くの仕事をした。特段に器用な者は自分の仕事を最大限に活かした。とびぬけて創意工夫に富んだ者は労働を省く方法を発見した。土地を耕す者がいっそう多くの鉄を必要としたり、鍛冶屋がいっそう多くの小麦を必要としたりすると、同じように働きながら、一方は大いに稼ぎ、他方は生きるのもままならないということになった。このようにして、自然にかなった不平等は計略に由来する不平等をともなって広がっていった。状況の差異によって大きくなった人間たちの間の差異が引き起こす結果も、以前にもましてはっきり見てとれるもの、長続きするものとなり、それと歩調を合わせて、各人の運命にも大きな影響を及ぼすようになったのである。

ものごとがここまで到達すれば、その後のことは容易に想像できる。もはや、あいついでなされた他の技芸の発明、諸言語の進歩、さまざまな才能の鍛練と活用、財産の不平等、富の利用と濫用についても、またこれらにひき続いて起こった細々としたことについても、じっくり描くことはすまい。各々が自分で容易に補えるはずである。ただ、このものごとの新たな秩序の中に置かれた人類について、簡単に見てみるにとどめよう。

いまや、我々のあらゆる能力が発達してきて、記憶力と想像力が活動を始め、私利私欲を追う利己愛と理性が活性化し、精神は可能な限りの完成の域にほぼ到達した。いまや、自然にかなったあらゆる資質が活動を始め、各人の地位と運命が固定された。とはいえ、それは、もっぱら財産の量とか益も害ももたらしうる権力に基づいていたわけではなく、才知、美貌、力、器用さ、巧妙さ、長所や才能に基づいていることもあった。これらの資質によってのみ、他の人たちから尊重してもらうことができたので、ほどなく、これらの資質を身につけるか、身につけたふりをしなければならなくなった。自分の得になるように、実際に自分がそうであるのとは別の姿を他人に見せることが必要になったのである。存在〔実際に自分がどうあるかということ〕と外見〔他人に自分がどのように見えるかということ〕は、まったく違う二つのことがらになった。この区別から、これみよがしの豪華さ、人を欺く策略、これらに付随するあらゆる悪徳が現れた。他方で、かつて自由で独立していた人間は、いまや新たに生じた無数の欲求のために、いわば自然全体に、とりわけ自分の同類たちに従属するようになってしまった。たとえ同類たちの間で主人になったとしても、ある意味ではその同類たちの奴隷になっているのである。富んでいれば同類たちから奉仕を受ける必要があり、貧しければ同類たちからの援助が必要となる。中間にある者も、同類の存在なしで済ませることはできない。こうして、自分の同類たちが自分の運命に関心をもってくれるように、実際に、あるいは見た目のうえで、自分の利益のために働くことが同類たち自身の利益にもなると考えてもらえるように、たえず努めなければならなくなってしまった。その結果、ある人たちに対しては狡猾でずる賢くふるまい、別の人たちには高圧的で冷淡にふるまうようになり、自分が必要とするすべての人たちから恐れられるようにすることができない場合、この人たちに有益な奉仕をしたところで自分自身の利益にはならないと考える場合、この人たちをだますよりほかに手段がなくなってしまう。ついに、貪るような野心が、真の欲求に基づいているわけではない、他人よりも上位に立ちたいがために相対的な富を増やしたいという熱情が、あらゆる人々に吹き込んだのが、互いに相手を害し合う陰険な傾向、いっそう確実に相手に打撃を与えるために往々にして善意の仮面を被るだけにいっそう危険な、秘められた嫉妬心であった。要するに、一方では競争と敵対関係が、他方では利害の対立が生じた。それらはいずれも、他人を犠牲にして自らの利益を引き出そうという隠された欲望にほかならなかった。こうした悪はすべて、所有権がもたらした最初の結果であり、生まれたばかりの不平等に分かちがたく付随するものだった。

富を表す記号〔貨幣〕が発明される以前は、富を構成するものは、土地と家畜のほかにはほとんどなにもなかった。これらだけが、人間たちが所有しうる現物の財産だった。ところが、家畜の数でも土地の広さでも、相続財産が増大して地表全体を覆いつくし、互いに隣接するようになると、他人を犠牲にせずには自分の領地を広げられなくなってしまった。力が弱かったためか、不精だったためか、自分の取り分をもらい損ねた者たちは、自分では何も失ったわけでもないのに、周りの者たちがみな変わったのに自分だけが変わらなかったという理由で貧乏になり、食べ物を富んだ者たちの手から受け取るか奪うかするよりほかに手がなくなってしまった。富んだ者と貧しい者がもつ性格に応じて、支配と隷属が、あるいは暴力と略奪が生じるようになった。富んだ者たちの方でも、支配する快楽を知るやいなや、たちまち他の快楽を見下すようになった。新しい奴隷を服従させるために、昔ながらの奴隷を利用しては、隣人たちを征服して隷属させることしか考えなくなってしまった。まさに、人肉の味を一度味わったばかりに、他の食べ物を嫌って、もはや人間たちを貪り食らうことしか欲さなくなった、飢えたオオカミさながらである。

このようにして、このうえなく力の強い者は自らの力を、このうえなく貧しい者は自らの欲求を、他人の財産に対するある種の権利とみなして、それを所有権と同等のものと扱ったので、平等が崩れたのに続いて、さらに恐ろしい無秩序があらわれた。このようにして、富んだ者による横領、貧しい者たちによる略奪、自然にかなった憐れみの情と未だ弱々しい正義の声を窒息させる、ありとあらゆる抑えがたい情念が、人間たちを貪欲に、野心家に、邪悪にした。最強者の権利と最初の占有者の権利の間で、はてしない衝突が起こり、しまいには戦いと殺戮が起こるほかなかった(17)。生まれたばかりの社会は、このうえなく恐ろしい戦争状態にとってかわられた。堕落し、悲嘆にくれた人類は、もはや引き返すことも、不幸な獲得物を捨て去ることもできなくなり、自らの名誉となるはずだった諸々の能力の濫用によって、恥辱にまみれることしかできないまま、破滅の前夜へと身をさらすことになったのである。

かくも見慣れぬ災いにおののき、富んでいながら貧しく
富から逃れんと欲し、かつて欲したものを今では忌み嫌う*27〔原文ラテン語〕

*27　オウィディウス『変身物語』一一・一三〇行。

　このように惨めな状況について、自分たちがうちひしがれている災いについて、人間たちがついぞ反省しなかったなどということはありえまい。とりわけ富んだ者たちは、ほどなく、このはてしない戦争が自分たちにとってどれほど不利であるかを感じとっただろう。命が危険に曝されるのはみな同じなのに、財産が危険に曝されるのは特定の人だったから、すべての費用を払ったのは、もっぱら富んだ者たちであった。それに、横領したものをどのように粉飾してみたところで、それを支えているのは不安定で不当な権利でしかなく、もっぱら力によって獲得したものは、力によって奪われるかもしれないし、それに文句をつける理由などないということを十分に感じとっていた。もっぱら自らの工夫によって富を得た者たちでさえ、自分たちの所有物をよりしっかりした名分で根拠づけることはほとんどできなかった。「この塀を立てたのは私だ」、「私はこの土地を自分の労働で手に入れたのだ」などといってみたところで無駄だった。こんな答えが返ってくるのが関の山だっただろう。「誰が境界線を引いてくれたっていうんだい。別に頼んだわけでもない労働の対価を、いったいなんで私たちに払えというのかね。あんたたちがもちすぎているものがなくて、たくさんの兄弟たちが死んだり苦しんだりしているのを知らないとでもいうのかね。みんなの食料から自分の分け前以上のものを我が物にするには、明示された人類全員一致の同意が必要なことを知らないとでもいうのかね」。自分の言い分を正当化するのに有効な理由もなければ、自らを守るために十分な力もなく、相手がひとりならたやすく踏みつぶせても、盗賊の群れを前にしては自分の方が踏みつぶされてしまう。略奪という共通の希望によって結託した敵に対して、ひとりで皆を相手にすることになった富んだ者は、同じ立場にある者たちが協力しようにも互いに対する嫉妬心からままならず、必要にせまられて、ついに、およそ人間精神がもちえた、もっともよく考え抜かれた計画を思いついたのだった。それは、自分を攻撃する力そのものを自分の利益になるように利用して、自分の敵たちに自分を守らせるようにするため、自然法《ドロワ》が自分にとって不利であるのと同じくらい自分にとって有利な、別の格率を敵たちに吹き込み、別の決まりを敵たちに与えるというものだった。

このような意図をもって、皆が互いに武器をもって敵対するようにさせ、なにかを所有することを欲求をもつことと同じくらいやっかいにし、貧しくても富んでいても、誰ひとりとして安全を見いだせないような状況がいかに恐ろしいものか、隣人たちに説明したのだった。その後で、隣人たちを自分の目的へと導くために、もっともらしい理屈をつけてみるのだった。「団結しよう。弱い者たちを抑圧から守り、野心家たちを抑え込み、それぞれの人に属する物の占有を確実なものとするために。正義と平和の規則を制定しよう。この規則にすべての人が従うことを強制されるものとし、誰ひとりとして特別扱いせず、強い者も弱い者も等しく相互的な義務の支配の下に置くことによって、いってみれば運命の気まぐれを埋め合わせるのだ。つまり、我々の力を我々自身に向けるのはやめて、ひとつの至高の権力に集めるのだ。この権力は、賢明な法に従って我々を統治し、参加するすべての構成員を保護防衛し、共通の敵を退け、我々を永遠の和合のもとに維持するのだ」。

粗野でたやすく口車にのせられる人間たちを巻き込むには、これほどの演説をしなくてもよかったかもしれない。そのうえ、自分たちでも解決すべき厄介事がありすぎて調停者なしではすませられなくなっていたし、強欲と野心の度がすぎて、指導者なしでは長くはもたなくなっていたのだった。すべての人が、自分の自由を確実にするのだと思いながら、自分たちを縛りつける鉄鎖へと走り寄っていった。というのも、政治機関の利点を感じ取るに足るだけの理性は持ち合わせていたものの、その危険性を予見できるほどの経験を積んではいなかったからである。それが濫用されうることをあらかじめもっともよく感じ取ることができたのは、まさしく、そこから利益を引き出そうと考えている人たちだった。賢明な人たちでさえ、けがをした人が残りの身体の部分を助けるために腕を切り落とさなければならないのと同じように、他人を保全するために自分の自由の一部を犠牲にする決心をしなければならないと考えたのだった。

社会と法律の起源はこのようなものだった。あるいは、このようなものだったに違いない。社会と法律は、弱い者に新たな束縛を与え、富んだ者には新たな力を与えた(18)。自然にかなった自由は、取り返しのつかない形で破壊された。所有権と不平等を定めた法律が永遠に固定された。巧妙に横取りしたものが、取り消されることのない権利となった。以後、野心をもったひと握りの者たちの利益のために、全人類が、労働、隷属、貧困に屈することになった。容易に見てとれるだろうが、たったひとつの社会が設立されただけで、他のすべての社会が設立されることが避けられなくなった。団結した力に対抗するには、自分たちも団結しなければならなかったのである。社会は急激に数を増やし、広がっていって、ほどなく地表をすっかり覆い尽くしてしまった。束縛から逃れられる場所を見つけることなど、どこに振りおろされるのかわかったものではない裁きの剣が永遠に各人の頭の上にぶら下がっているのを見ながら自分の頭を引っ込められる場所を見つけることなど、世界のほんの片隅にさえ、もはや望めなくなってしまった。このようにして市民法が市民たちに共通の規則になったので、もはや自然法《ロワ》はある社会と別の社会の間でしか効力をもたなくなった。その際、自然法はなにがしかの暗黙の約束によって緩和され、万民法の名のもとに、交易を可能にし、自然にかなった惻隠の情を補うものとなった。かつて人間と人間の間に働いていた力を、もはや社会と社会の間でもほとんどまったく失ってしまった惻隠の情は、部族と部族を引き離す想像上の障壁を乗り越えて、人類全体を自らの善意で抱擁するような、ほんの一握りの世界市民の偉大な魂の中に宿るばかりとなってしまった。

このようにして、お互いの間ではなお自然状態にとどまっていた政治体も、諸個人に自然状態の外に出るように強いたのと同じ不都合を、ほどなく強く感じるようになった。この状態は、これら規模の大きな集団同士の間にあっては、この集団の構成員となった個人の間でかつて見られたよりも、はるかに有害なものになった。ここから生じた部族間の戦争、戦闘、殺戮、復讐は自然を震え上がらせ、理性に強い打撃を与えた。また、恐ろしい偏見が生じて、人間の血を流させる名誉を美徳のひとつに祭り上げてしまった。このうえなく誠実な人たちでさえ、自分の同類たちの喉を掻き切るのを義務に数えることを学んだのである。ついに、何千もの人間たちが訳もわからないまま虐殺し合うのを目の当たりにするようになった。かつてこの地上を覆って数世紀に及んだ自然状態を通じて犯されたあらゆる殺人の数をしのぐほどの虐殺行為が、たった一日の戦闘で、たったひとつの町を占拠するために犯されるようになってしまった。これが、いくつかの別々の社会に人類が分割されたことによって、垣間見られるようになった最初の結果だった。いまや政治制度に話を戻すことにしよう。

もっとも強い者による征服とか、弱い者たちの団結とか、政治社会に私とは異なる起源を認める人たちもいることは知っている。こうした原因のどれを選んだとしても、私が証明したいと考えていることにとってはどうでもよい。しかし、今しがた私が述べた原因は、以下の理由によって、もっとも自然にかなっているように思われる。第一に、もっとも強い者による征服についていえば、征服に基づく権利など権利とは名ばかりで、他のいかなる権利も根拠づけられなかった。征服者と征服された部族は、いつまでも戦争状態にあった。完全に自由を取り戻した民族が、自らすすんで勝利者を自分たちの首長に選んだというのなら話は別であるけれども。このような首長の選出がなされるまでは、何度降伏しようとも、そこには暴力のほかには根拠がなく、その結果、降伏したといっても事実上はなんの意味もない。このような仮説によっては、真の社会も政治体も、最強者の法以外の法律も存在しえない。第二に、弱い者たちの団結という仮説の場合、「強い」とか「弱い」という語はどうとでも解釈がついてしまう。所有権または最初の占有者の権利が確立されてから政治的統治が確立されるまでの間にあっては、「貧しい」と「富んだ」という用語の方がより適切に表現できる。というのも、法律ができるまで、自分と同等の者を服従させるために人間が実際にもちえた手段は、相手の財産に攻撃を加えるか、自分の財産の一部を相手に与えるかのどちらかしかなかったからである。第三に、貧しい者たちは、失うものといえば自分の自由のほかにはなにもなかったのだから、引き換えになにも得るものがないというのに、自分に残った唯一の財産を自らすすんで手放すとしたら、まったくもって正気の沙汰ではなかったといえよう。これに対して富んだ者たちは、いわば、およそありとあらゆる自分の財産に神経をとがらせていたので、はるかにたやすく損害を加えられる対象になった。その結果、富んだ者たちは自らを守るためにいっそう用心しなければならなかった。要するに、なにかを発明するのは、損害を被る者たちよりも利益を引き出す者たちの方だと考えるのが理にかなっている。

生まれたばかりの政府は、確固とした、整った形式を備えていたわけではなかった。哲学と経験を欠いていたために、さしせまった不都合しかとらえることができず、ほかの不都合については、それが姿を見せてからようやくなんとかしなければならないと考えるのだった。このうえなく賢明な立法者たちがどれほど力をつくしてみても、国家の状態はなお不完全なままにとどまっていた。ほとんど偶然の産物であり、その始まりも悪しきものだったため、その欠陥が時間とともにあらわにされ、対策が示唆されたとしても、なりたちの不備を埋め合わせることなどできなかったのである。後にりっぱな建造物を建てるためにスパルタでリュクルゴス〔古代スパルタの国制を定めたとされる伝説的立法者〕がしたように、まずは敷地をきれいにして古い材料をみな排除すべきだったのに、たえず修繕を繰り返していたのである。当初、社会をなりたたせていたのは、すべての個人が守ることを約束したいくつかの一般的な協約だけであり、共同体が各人に対してそれらの約束の保証を与えていた。このようななりたちがいかに弱いものであるか、公衆だけを罪の証人と裁判官としている以上、違反者が証拠を隠したり罰を逃れたりするのがいかにたやすかったかがあらわになるには経験が必要だった。無数のやり方で法の網がかいくぐられたに違いない。不都合と無秩序が絶え間なく増大していき、ついに、公権力という危険な委託物を特定の個人たちに託そうと考え、民の議決を遵守させる配慮を為政者たちに委ねてしまったに違いない。というのも、連合が結ばれるよりも先に首長が選ばれていたとか、法律そのものが制定されるよりも先に法律の執行者たちが存在していたなどというのは、まじめに反論する気にもなれない想定だからである。

なんの条件もつけず、取り返しのつかない形で、まず民の側が絶対的な主人の腕の中へ飛び込んだのだとか、隷属状態へ身を投じることこそが、誇り高く不屈の人間たちがみなに共通の安全を確保するために思いついた第一の手段だったのだとか、こうしたことを信じるのもまた、理にかなっていない。実際、圧政から身を守り、自分の財産、自由、生命といった、いわば自分の存在をなりたたせている要素を守るためでなかったとしたら、いったいなぜ、この人たちは自分の上位に立つ者たちを受け入れたのだろう。そもそも、人間と人間の間の諸々の関係にあって起こりうる最悪の事態とは、一方が他方の意のままになることであるから、なんとしても保全するために、首長の助けを必要としたであろうはずのかけがえのないものを、はじめから首長の手に渡してしまうというのは、良識に反したことではないだろうか。とても大切な権利を譲渡してもらった首長は、いったいどんな見返りを民に与えてくれるというのだろう。民を守るためということを口実に、首長があえてこの権利を要求するなら、ただちに、教訓話に出てくる「敵は私たちにこれ以上なにをするというのか」という答えを受け取ることだろう。*28 したがって、民は隷属するためではなく、自らの自由を守るためにこそ首長を受け入れたのだということは、国制法全体の根本的な格率である。プリニウス（Gaius Plinius Caecilius Secundus（六一頃―一一四年頃）。小プリニウス。ローマ帝政期の政治家・弁論家・著作家。『博物誌』で有名な大プリニウスの甥、後に養子）がトラヤヌス帝（ローマ帝国全盛期の五賢帝に数えられるローマ皇帝（在位九八―一一七年））にいったところによれば、*29「私たちが君主をもつとすれば、それは主人をもつことを予防してもらうためでございます」。

*28　この一節の典拠を、ラ・フォンテーヌ『寓話』第六巻第八「老人とロバ」とする研究者がいる。
*29　小プリニウス『トラヤヌス頌』五五・七。

哲学者たちが自然状態について弄《ろう》したのと同じ詭弁を、政治家たちは自由への愛について弄している。すなわち、いま見ているものに依拠して、見たこともないきわめて異なるものを判断しているのである。目の前に隷属に堪え忍んでいる人たちがいるからといって、隷属を求める生まれながらの傾向が人間たちにはあるのだ、などという。無垢や美徳と同じように、自由とは、自ら享受している限りでのみ、その価値を感じられるのであって、失うやいなや、それに対する趣味も失われるということを考えてもみないのである。スパルタの生活をペルセポリスの生活と対比した太守に向かってブラシダス〔前五世紀の人物。ペロポンネソス戦争に出征したスパルタの将軍〕はいったのだった。「あなたの国の心地よさは存じあげておりますけれども、あなたが私の国の喜びを知ることはできないでしょう」[*30]と。

＊30　これはブラシダスではなく、ペルシアに派遣されたブリスとスペルティアスがヒュダルネス（前五世紀に活躍したアケメネス朝ペルシアの将軍）にいった言葉として、ヘロドトス（『歴史』七・一三五）とプルタルコス（『倫理論集（モラリア）』二三五F）が伝えている。ルソーが参照したのは、ピエール・コストが編集したモンテーニュ『エセー』（一七二七年）に付録として収められたエティエンヌ・ド・ラ・ボエシ（一五三〇―六三年）の『自発的隷従論』だと指摘する研究者もいる。

飼い馴らされていない駿馬は、くつわを近づけられただけで、たてがみを逆立て、地面を蹴りつけて、激しく暴れるのに、調教された馬はムチを打たれても、拍車をかけられても、静かに堪える。同じように、野蛮な人間は、文明化された人間なら文句一ついわずに身につけるくびきに首を差し出したりしない。平穏な隷属よりも嵐のような自由を選ぶのである。したがって、人間の自然にかなった性向が隷属をよしとするかいなかは、隷属した部族の堕落した品性に基づいて判断するのではなく、およそ自由な部族が圧政から身を守るためになした奇蹟によってこそ判断しなければならない。隷属した部族は、鉄鎖に繋がれたまま享受している平和と休息をほめそやしているだけであって、「このうえなく惨めな隷属状態を平和と名づけている」[*31]〔原文ラテン語〕のを私は知っている。しかし、自由な部族が快楽、休息、富、権力、生命さえも犠牲にして、自由をすでに失った人たちからは見下されていることの唯一の財産を保全しているのを見るとき、自由なものとして生まれ、捕らわれることを厭う動物たちが檻の柵に頭を打ちつけるのを見るとき、あまたの丸裸の未開人たちがヨーロッパ人たちの享楽を軽蔑して、空腹も火も剣も死もものともせずに自分たちの独立を保全しようとするのを見るとき、自由について議論することは奴隷たちの手に届かないと感じる。

＊31　タキトゥス『同時代史』四・一七。本書の準備のために作成された抜き書きノートに基づいて、ルソーはシドニー（Algernon Sidney）（一六二三―八三年）。英国の政治家）の『統治論』（一六九八年、仏訳版一七〇二年）から重引していると推測されている。

絶対的な統治、およそ社会というものは家父長の権限に由来すると考える人たちがいる。

ロックやシドニーの反論を証拠として持ち出すまでもない。専制主義の冷酷な精神にもまして、命令する者の実利よりも服従する者の利益にいっそう配慮する家父長の権限の優しさからかけ離れたものなど、この世になにもないということに、また、自然法《ロワ》によって子供が父親の助けが必要な間だけ父親は子供の主人とされ、その期間を越えると父親と子供は平等となって、息子は父親から完全に独立し、父親に服従する義務はなく、尊敬を払うことだけを負うということに注目すれば十分である。というのも、感謝が返すべき義務であるのは確かだとしても、相手に要求できる権利ではないからである。政治社会が家父長の権限に由来するというのではなく、反対に、家父長の権限は政治社会からその主要な力を引き出しているといわなければならなかったのである。自分のまわりにほかの何人かの個人が寄り添っているときだけ、一個人が父親として認められたにすぎない。実際、父親の意のままになる財産が、子供たちを支配下に置いておくための絆だった。父親は、自分の意志に対してたえず敬意を払うことで自分に貢献してくれた度合いだけを考慮して、相続の取り分を子供たちに与えればよい。ところで、臣民たちは、このような恩恵をなにがしか専制君主に期待できるはずもない。臣民たちは、その持ち物も含めてすべて君主の所有物であるから、あるいは少なくとも君主はそう主張するのだから、君主が自分たちに固有の財産として残しておいてくれるわずかなものだけを恩恵として受け取るのが関の山である。君主が臣民から奪い取るとき、正義をなしているのである。君主が臣民を生かしておくとき、恩恵を施しているのである。

こんなふうに権利に基づいて事実を検討していけば、専制政治が自発的に設立されたなどという考え方には、もはや確実性も真実性も認められなくなるだろうし、当事者の一方にすべてを与えて他方にはなにも与えず、一部の者たちだけに義務を負わせて、約束する者の害にしかならないような契約について、有効性を示すのは難しくなるだろう。この憎むべき体制は、今日の賢明で善良な君主たち、とりわけフランスの国王たちの体制とはまったくかけ離れたものである。このことは、今日の国王たちのさまざまな勅令、とりわけ一六六七年にルイ十四世の名のもとで王命によって公にされた、次の有名な一節に見てとれる。「したがって、主権者は自分の国家の法律に従わなくてもよいなどといってはならない。なぜなら、これとは反対の命題が万民法の真理だからである。国王への追従から、ときにこの命題は攻撃されたこともあったとはいえ、善良な君主たちは常にこれを自分の国家を守護する神として擁護してきたからである。それにも増して、賢明なプラトンとともに、王国の完全な至福とは、君主がその臣民に服従し、君主が法律に服従し、法律が正しく、常に公共の幸福へと向かっていることであるというのは、いかに正当なことだろう」。ここでわざわざ歩みをとめて探求するまでもない。自由こそは、人間のもつ能力の中でももっとも高貴なものなのだから、残忍で分別を欠いた主人に気に入られようと、自分の存在の創造主〔神〕のあらゆる贈り物の中でももっとも大切なものを留保なく譲り渡してしまうことは、創造主が私たちに禁じるあらゆる罪を甘んじて犯すことは、自らの本性を堕落させ、本能に捕らわれた獣と同列のものとなり、自らの存在の創造主さえも侮辱することではなかろうか。この崇高な職人は、自分の最高傑作が侮辱されるくらいなら、破壊される方が憤慨するところが少なかったに違いないのではないか。［一七八二年増補：ロックにならって「気の向くままに自分を扱う恣意的な権力に身を委ねるほど自らの自由を譲り渡すことなど何人《なんぴと》にもできない」と断言したバルベイラック〔Jean Barbeyrac（一六七四―一七四四年）。グロティウスやプーフェンドルフの著作を仏訳したことで知られるフランス出身の法学者〕の権威も顧みないでいよう。バルベイラックは続けていう。「なぜなら、その場合、自分が持ち主であるわけでもない自らの生命を売り渡すことになるからである」と。］ただ、次のように問うにとどめよう。恐れを知らず、ここまで自らの身を落とした者たちが、子孫も同じ恥辱に服させ、生命をもつにふさわしいすべての者にとって、それなくしては生命そのものが重荷となってしまうような財産〔自由〕を、子孫に代わって放棄できたのは、いったいいかなる権利によるのか。この財産は、この者たちの恩恵として子孫に伝えられる類のものなどではないのである。

協約や契約によって自分の財産を他人に譲渡できるのとまったく同じように、任意の人の利益のために自分の自由も放棄できる、とプーフェンドルフはいう。*32 これは著しく有害な議論だと私には思われる。というのは、第一に、譲渡した財産は私にかかわりがなくなるので、それを悪用されても私にとってはどうでもよいのに対して、私の自由が悪用されないことは私にとって重要であり、みすみす犯罪の道具として使われれば、私は悪をなすよう強いられ、罪人になるのを避けられない。そのうえ、所有権は人間のつくった協約であり制度であるにすぎないのだから、自分が所有するものを誰でも好きなように処分できるけれども、生命や自由のような自然からの貴重な賜物を同じように扱うわけにはいかない。これらの賜物を享受することは許されていても、放棄する権利があるかどうかは疑わしいといわざるをえない。自由を失えば自分の存在の品格を損なうことになり、生命を失えば自分を自分として存在させているすべてが無になってしまう。一時的にどのような財産を与えられたとしても、この二つのどちらも埋め合わせることなどできないのだから、対価がどのようなものであろうと、これらを放棄するなら、自然と理性を同時に傷つけることになろう。仮に自分の財産と同じように自分の自由を譲渡できるとしても、子供たちについてはまったく事情が異なるはずである。子供たちはもっぱら父親の権利を継承することによってのみ、父親の財産を享受するけれども、自由は人間の資質として自然から受け取ったものだから、父親たちがとりあげる権利などまったくないのである。したがって、奴隷制度を確立するためには暴力で自然を攻撃しなければならなかったし、同じように、この権利を永続的なものとするためには自然そのものの性格を変化させなければならなかった。奴隷の子供は奴隷として生まれる、と宣言した法律家たちは、言い換えれば、人間が人間に生まれないと裁定したことになるのである。

＊32　プーフェンドルフ『自然法と万民法』第七編第一章第一節。ルソーは、この箇所を『社会契約論』第一編第四章でも参照している。

したがって、統治が恣意的な権力から始まったのでないことは、私には確実であるように思われる。恣意的な権力は、統治が堕落した、なれの果ての姿にほかならず、ついには最強者の法へと統治を収斂させてしまう。しかし、そもそも統治は最強者の法の治療薬になるはずだったのである。それだけではない。さらに加えて、仮に統治がそのように始まったのだとしたら、この権力はその本性からして正当性をもたないので、社会における諸々の権利の根拠にはなりえないし、したがって制度的な不平等の根拠にもなりえない。

およそ統治というものの基礎となる契約がどのような本性をもっていたのかについては、今後なされるべき研究なので、ここでは立ち入らず、通説に従って、民が選んだ首長と民の間の真の契約によって政治体が樹立されたとみなすにとどめよう。この契約によって定められた、当事者双方の結合の絆となる法律を遵守することを、当事者双方に義務として課す契約である。社会にかかわることがらについて、民は自らの意志をただひとつの意志に集めたので、この意志が表明されるすべての条文は等しく基本法となり、国家のすべての構成員は例外なくそれに従わなければならない。その法律のひとつは、他の法律の実行を監督する任にあたる為政者たちの選出方法と権限について定めたものである。為政者たちの権限は、広く国家のなりたちを維持しうる限りのあらゆることがらにかかわるものだけれども、国家のなりたちを変更するところにまでは及ばない。この権限に名誉が付け加えられて、法律とその執行者たちを尊敬すべきものにする。法律の執行者たち個人に対しては、しっかりした行政のために払ったつらい労働への埋め合わせとして、特権が与えられる。為政者は、委ねられた権力をもっぱら寄託者の意向に従って行使すること、各人が自分の所有するものを心安らかに享受できるようにすること、常に自分自身の個人的な利益よりも公共の利益を優先させることを、義務として課される。

このような国家のなりたちのために避けがたい悪弊が、経験に照らしてあらわになったり、人間の心情についての知識によって予見されるようになる以前は、このような国家のなりたちが最善のものであるかに見えた。国家のなりたちにもっとも利害関心をもつ者たちに、国家の保全のための配慮が任せられていたからである。というのも、為政者の資格と権利は、もっぱら基本法の礎のうえに確立されていたので、基本法が破壊されるやいなや、為政者たちは正当性を失い、民はもはや従わなくなるだろう。国家の本質をなりたたせていたのは為政者たちではなく法律だったから、そうなれば当然、各人は自然にかなった自由へと立ち返っていくことだろう。

ほんの少しでも注意して反省してみれば、以上のことは別の理由からも確認できるだろうし、契約の本性からして、契約が撤回できないものではありえないことがわかるだろう。なぜなら、契約者たちが誠実に法を守ることを保証できるような、双方が互いに約束を守るように強制できるような、上位の権力などというものがない以上、当事者たちだけが自分自身の裁判の判定者であり続けるので、相手が条件に違反しているとか、条件が自分にとって適当でなくなったとか考えるならば、どちらの側からでも、いつでも契約を破棄する権利を保持しているのである。このような原理によってこそ、退位する権利が根拠づけられるように思われる。ところで、私たちがしているように、人間がつくった制度だけを考慮するとき、あらゆる権力を手中におさめ、契約からあらゆる利益を我が物としている為政者が、それでも権力を放棄する権利を有するというのであれば、首長たちの過ちの代償をすべて払ってい る民はなおのこと、従属関係を放棄する権利をもってしかるべきだろう。この危険な権力が必然的に引き起こす恐ろしい紛争、際限のない無秩序は、なににもまして、人間がつくった政府には理性だけでなく、より堅固な基盤がどれほど必要であるのか、神聖な意志が介入して、主権を意のままにする有害な権利を臣民たちから奪う神聖不可侵の性格を〔国王の〕主権に与えることが公の安息のためにどれほど必要不可欠であるのかを示している。宗教が人間たちになす善がこれだけだとしても、悪用させる可能性も織り込んだうえで、全員が宗教を奉じて帰依しなければならない理由として十分だろう。なぜなら、宗教は、狂信が流させるよりもはるかに多くの血を流さずにすむようにさせてくれるからである。それはさておき、本題に戻って、私の仮説の筋道をたどることにしよう。

政府がさまざまな形態を有していることの起源をたどれば、その政府が設立されたときに個々人の間に多かれ少なかれ認められた差異に行き着く。能力、美徳、富、あるいは信用について、ひとりの人間が傑出していたなら、この人が為政者に選ばれ、その国家は君主政をとった。ほとんど同等の数名の者たちがほかのすべての人たちを凌駕していたなら、その人たちは共に為政者に選ばれ、貴族政が生まれた。財産や才能にさほどの不均衡がなく、自然状態から隔たることのもっとも少なかった者たちは、最高の行政権を共同で保持して、民主政を形成した。これらの形態のうちのどれが人間たちにとってもっとも都合よかったかは、時間が証明した。ある者たちは法律だけに従うままだったけれども、別の者たちはやがて主人に服従した。市民たちは自分の自由を守りたいと望み、臣民たちはもはや自分たちが享受しなくなった財産を他の人たちが享受しているのに堪えかねて、隣人たちから自由を奪うことばかり考えた。要するに、一方には富と征服が、他方には幸福と美徳があったのである。

こうしたさまざまな政府にあって、当初、すべての為政者の地位は、選挙によって任命された。富が勝っているのでない場合、優先されたのは、自然にかなった優位性を与える長所、実務で活かせる経験と審議での冷静さを与える年齢であった。ヘブライ人の長老、スパルタの長老会議員《ゲロンテス》、ローマの元老院《セナートウス》、そして私たちのフランス語の「領主《セニュール》」という語の語源でさえ、かつてどれほど老人が尊敬されていたのかを示している。選挙の結果として選ばれるのが年齢を重ねた人たちになればなるほど、ますます頻繁に選挙をしなければならなくなり、それにともなう面倒がはっきり感じられるようになってきた。策略が用いられるようになり、派閥がつくられ、党派争いが激しくなって、内乱の火の手があがった。とうとう、国家の幸福とやらのための犠牲として市民たちの血が流され、以前の無政府状態にふたたび落ち込む寸前になった。このような状況を利用して、野心ある有力者たちは、自分の役職を己の一族が永続的に担えるようにした。民はすでに従属すること、安息、安楽な生活に慣れ、鉄鎖を断ち切ることなどとてもできない状態だったので、自らの平穏を確かなものとするためなら、以前にもまして隷属することにも同意した。このようにして、首長の地位は世襲されるようになり、当初は官吏にすぎなかったはずの為政者の職を己の一族の財産とみなし、自らを国家の所有者とみなして、同胞の市民たちを奴隷と呼んで、家畜と同じように自分に属するものの数に入れ、自らを神にならぶ者とか王の中の王などと称することに慣れてしまった。

こうしたさまざまな変革の中で不平等の拡大を跡づけてみれば、法律と所有権の確立が第一期、為政者の職の制定が第二期を画し、最後に第三期として、合法的な権力が恣意的な権力に変化したことが見いだされるだろう。こうして、第一期に富んだ者と貧しい者の境遇が容認され、第二期に強者と弱者の境遇が容認され、第三期には主人と奴隷の境遇という、ほかのあらゆる不平等がいきつくことになる、不平等の最終段階が容認された。ここから先は、新たな変革が、完全に政府を転覆させるか、あるいは政府を合法的な制度に近づけることになる。

以上のような不平等の拡大が必然だったことを理解するには、政治体が設立された動機よりもむしろ、政治体が実現される際にとった形態と、その政治体が後に引き起こすことになる不都合の方を考察しなければならない。というのも、政治制度を必要不可欠なものにさせた悪徳そのものが、政治制度の悪用を避けがたいものにするからである。法律が主として子供の教育を監督するものとされ、そのほかには法律を付け加える必要などほとんどないくらいしっかりした習俗をリュクルゴスが確立したスパルタを唯一の例外として、法律は一般に情念ほどの力をもたないので、人間たちを規制することはあっても、人間たちを変化させるものではない。およそ政府というもので、腐敗も変質もせずに、設立の目的に向かって常にまっすぐに歩めるものがあるとすれば、それは必要もないのに設立されたことになるだろうし、誰も法律の網をかいくぐったり、為政者の職を悪用したりしないような国があったとすれば、その国には為政者たちも法律も必要なかったはずであることは、容易に証明できる。

政治的差別は、必然的に市民と市民の間でも差別を引き起こす。民と首長の間で拡大していく不平等は、やがて個人と個人の間にもはっきり見てとれるようになり、どのような情念や才能をもつか、どのような状況に置かれるかに応じて、無限に形を変えて現れる。為政者が法律にかなわない権力を横取りしようとすれば、自分の取り巻きに権力のなにがしかを譲り渡してやらないわけにはいかない。そのうえ、市民たちが抑圧されるがままになっているのは、もっぱら盲目的な野心に引きずられて、自分たちよりも上位に立つ人たちよりも下位に置かれた人たちに目を向けているからである。支配することが独立していることよりも大切なことになってしまっているからである。いずれ他人を鉄鎖でつなげるようにしようと、自らすすんで自分が鉄鎖につながれることに同意しているからである。他人に命令しようなどと求めない人を服従させておくのは、きわめて困難である。このうえなく巧妙な政治家といえども、もっぱら自由であることだけを望むような人間たちを隷属させようとしても、うまくいかないだろう。ところが、野心的で卑怯な魂の持ち主たちの間では、不平等はやすやすと広がっていく。こうした人たちは、常に運に任せて危険を冒し、運がよければ支配するし、まったく同じように、運が悪ければ人に仕えてみせるのである。そうしてついに民の目がすっかりくらんでしまったとき、いちばんの小者に向かって指導者たちが「なんじと一族の者よ、偉大となれ」というだけで、たちまちこの者は皆の目にもこの者自身の目にも偉大に見え、この者の子孫は、本人から代を重ねるごとに、いっそう身分が高くなっていった。原因から時間が経てば経つほど、原因があやふやになればなるほど、その結果はいっそう大きくなっていった。一族の中に怠け者の数が多ければ多いほど、一族の名声はますます高まっていった。

ここで詳細に立ち入ることが許されるなら、同じひとつの社会に集まって、人間たちが仲間うちで互いに比較し合ったり、たえず互いに相手を利用し合ったりせずにはいられなくなるやいなや、いったいどのようにして［一七八二年増補：政府が介入することさえなしに］信用と権力の不平等が個人と個人の間で(19)避けがたいものになったのか、容易に説明してみせただろう。こうした差別には、いくつかの種類がある。しかし、一般に、富、貴族の身分または地位、権力、個人的な長所といったものが主たる栄誉となって、これらに従って自らの社会における位置が測られるのだから、これらのさまざまな力が一致しているか対立しているかが、一国のなりたちの善し悪しを示すこのうえなく確実な指標になることを証明してみせただろう。これら四つの不平等のうち、個人的な資質こそがほかの不平等の起源であり、富はほかの不平等がついに行き着く最後の不平等であることを示してみせただろう。というのも、富は安寧にもっとも直接的に役立ち、もっとも容易に他人に渡すことができるものなので、ほかのあらゆるものを買うために容易に用いられるからである。この点について観察すれば、それぞれの民が原初的制度からどの程度遠ざかっているのか、腐敗の最終段階に向かってどれほどの道程を歩んできたのか、かなり正確に判断できる。私たちすべての人間を責めさいなんでいる、いつでもどこでも認められる、評判、名誉、特別扱いされることを求める欲望が、どれほど才能と力を磨かせ、互いを比較させ合うものか、この欲望がどれほど情念をかき立てて情念の数を増やすものか、人間たちをみな、競争させ、対抗させ、あるいはむしろ敵対させ、我こそはと考える実に多くの人たちを同じ闘技場で競争させることで、この情念がどれほどの失敗と成功を、ありとあらゆる惨事を毎日毎日生み出しているのかを、指摘してみせただろう。自分について人に語ってもらいたいというあの熱情、私たちをほとんど常に自分自身の外に連れ出す他人に抜きんでたいという熱狂こそ、人間たちの間の最善のものと最悪のものを、私たちの美徳と悪徳を、私たちの学問と誤謬を、私たちの征服者と哲学者を、要するに、たくさんの悪いこととほんの少しのよいことを私たちに与えているのだということを、示しただろう。そして最後に、ほんのひと握りの権力と富をもつ人たちが権勢と財産をきわめる一方で、大多数の人たちが人知れず貧困のうちにあるのは、他の人たちが奪われているものを自分が享受することに権力と富をもつ者たちが重きを置いているからであり、民が貧困にあえぐことがなくなれば、自分の境遇が変わったわけでもないのに、権力と富をもつ者たちは幸福でなくなるだろうということを、証明してみせただろう。

しかし、こうした細々したことについて書いていけば、それだけで大部な書物になってしまうだろう。そこでは、あらゆる政府のよい点と不都合な点が、自然状態の法《ドロワ》と照らし合わせて計られただろうし、政府の本性に応じて、また、時とともに必然的に引き起こされた変革に応じて、今日にいたるまで現れてきた、そして［一七八二年増補：将来］数世紀にわたって現れるかもしれない、不平等のありとあらゆるさまざまな様相が明るみに出されたことだろう。大多数の人々が、そもそもは外から自分たちを脅かしていたものに対抗してとった用心そのものによって、国の内部で抑圧されているのを見ることだろう。抑圧がたえず増大していくのに、抑圧されている人々は、抑圧がどんな結末に行き着くのかも、抑圧をやめさせるために自分たちにどのような合法的な手段が残されているのかも、知ることは決してないのだということを見ることだろう。市民たちの諸々の権利と国民の自由が少しずつ姿を消し、弱い者たちの異議申し立てが反乱を煽動するざわめきとして扱われるのを見ることだろう。公共の立場を擁護する名誉が、政治によって民の中で金で雇われた一握りの人たちだけに委ねられるのを見ることだろう。そのために税金を課すことが必要不可欠となり、意をくじかれた農民たちが、平和が続いているというのに畑を捨て、鋤を置いて、剣を帯びるのを見ることだろう。名誉にかかわる事柄について有害で奇妙な規則が生まれるのを見ることだろう。祖国を守る者たちが、いずれは祖国の敵となり、同胞市民たちに対してたえず短刀をふりかざしているのを、そしてついには自分の国を抑圧した人に対して次のようにいうときがくるのを見ることだろう。

なんじ、我が兄弟の胸に、我が父の喉に、身ごもった我が妻の腹に

短刀を突き刺すべしと命ずるならば、心ならずといえども、我そのすべてを
実行せん。[*33]〔原文ラテン語〕

＊33　セネカの甥で叙事詩人であるルカヌス（Marcus Annaeus Lucanus）（三九―六五年）の『内乱』一・三七六―三七八行。ルソーはシドニー『統治論』第一九節から重引している可能性が高い。

身分と財産の極端な不平等から、情念と才能の多様性から、無益な技芸から、有害な技芸から、たわいない学問から、理性にも幸福にも美徳にも等しく反するあまたの偏見が生じてくることだろう。集まった人間たちを分断させて力をそぐことができそうなありとあらゆるものが、見かけのうえでは和合しているかのような雰囲気を社会に与えておきながら、実際には離反の種を蒔くことがありそうなありとあらゆるものが、権利と利害の対立を通じてさまざまな身分の人たちに不信感と憎しみを双方に吹き込むことがありうるような、その結果、自分があらゆる身分の人たちを抑え込む権力を強化することがありうるようなありとあらゆるものが、首長たちによってあおりたてられるのを見ることとだろう。

まさにこの無秩序と変革のただなかにあって、専制主義が、少しずつその醜い頭をもたげてきて、国家のあらゆる部分から、善良で健全と思われるものをことごとく喰いつくし、ついには法律と民を踏みにじって、共和国[*34]の廃墟のうえにしっかり確立されるにいたるのである。この最後の変化に先立つ時代は、混乱と災難の時代だっただろう。しかし、最後にはす

べてが怪物にのみこまれてしまい、もはや民は法律も首長もなくして、ただ僭主だけをもつことになっただろう。このときから、習俗も美徳も問題にならなくなっただろう。なぜなら、「誠実さについて何も善いことを期待できない」*35〔原文ラテン語〕専制主義が支配するところではどこでも、他のいかなる主人も受け入れられることがないからである。専制主義が語りだすやいなや、考慮すべき実直も義務もなくなり、このうえなく盲目的な隷従が唯一の美徳として奴隷たちに残されるのである。

＊34 「どのような行政の形態をとるかにかかわらず、法律によって支配されるすべての国家を、私は共和国と呼ぶ。〔…〕あらゆる合法的な政府は共和的である」（『社会契約論』第二編第六章）。

＊35 「名誉ある追放地を期待すべきではない」（タキトゥス『同時代史』一・二一）の語句を入れ換えたもので、ルソーはシドニー『統治論』第一九節で引用された一節を参照している可能性が高い。

まさにこれが、不平等が行き着く終着点であり、円をぐるっと回って一周し、私たちが最初に出発した地点に接するいちばん端の地点なのである。まさにここで、すべての個人はふたたび平等になる。というのも、すべての人は無だからであり、臣民たちは主人の意志のほかには法律をもたず、主人は自分の情念のほかには規則をもたないため、善の観念も正義の諸々の原理もふたたび消え失せてしまうからである。まさにここで、すべてはもっぱらもっとも強い者の法《ロワ》へと、したがって新たな自然状態へと連れ戻される。この自然状態は、私たちがはじめに検討した純粋なままの自然状態とは異なり、極度の腐敗の結果として生じたものである。もっとも、この二つの状態にはほとんど違いはなく、専制主義によって統治契約はすっかり効力をなくしているので、専制君主は自分がもっとも強い者でいる間だけしか主人ではいられない。追い出されるようなことがあれば、その暴力に抗議するわけにはいかない。ついには皇帝《スルタン》を絞め殺したり、玉座から引きずりおろしたりするような暴動も、その前日に臣民たちの命や財産を皇帝が思うがままにしていたのとまったく同じように、法にかなった行為なのである。力だけが玉座を支えていたのであり、力だけが玉座をひっくり返せるのである。あらゆる事柄は、このように、自然にかなった秩序に従って生起する。こうした突然、頻繁に起こる革命のなりゆきがどのようなものであろうと、誰も他人の不正に不平をもらすことなどできず、ただ自分自身の不用意と不幸を嘆くだけである。

このように、自然にかなった状態から文明の状態に人間を導いてきたに違いない、忘れられ、失われた道筋を発見し、たどるならば、また、私がここに示したこの二つの間にある地点に、時間を急ぐ余り私が省略したり、私の想像力が及ばなかったりした地点を補ってみるならば、注意深い読者[*36]であればみな、この二つの状態を隔てている広大なひろがりに感動せずにはいられまい。ものごとがこのようにゆっくりと、つぎつぎに起こってきたことの中にこそ、哲学者たちが解決できずにいる無数の道徳や政治にかかわる問題への解答を読者は見いだすだろう。ある時代の人類は、ほかの時代の人類と同じではないのだから、ディオゲネス〔シノペのディオゲネス。前四世紀に活躍したキュニコス学派を代表する古代ギリシアの哲学者〕が人間を見つけられなかった理由は、もはや存在しなくなってしまった時代の人間を、自分の同時代の人たちの中に探していたからだと、読者は感じとるだろう。[*37] ローマと自由とともにカトー〔Marcus Porcius Cato（前九五—四六年）。ローマの政治家。小カトー〕が滅びたのは、その時代にあっては場違いだったからなのだ、あと五百年も早ければ世界を支配したはずのこのうえなく偉大な人は世界を驚かせただけだったのだと読者はいうことだろう。要するに、読者は説明できるだろう。いったいどのようにして、人間の魂と情念が知らず知らずのうちに変質していき、いわばその本性を変化させたのか。なぜ私たちの欲求と快楽が長い時間のうちに対象を変えていったのか。なぜ本源的人間が少しずつ姿を消していって、社会が賢者の目に提示するのが、もっぱら、およそ新しく獲得された諸々の関係から生み出される、自然にはいかなる真の根拠ももたない人為的人間と作為的な情念との寄せ集めだけになってしまったのか。以上の点について、反省によって私たちが学んだことは、観察からも完全に確認できる。野生人と文明化された人間は、心情についても性向についても根本的にまったく異なっているので、一方の幸福になるものは他方を絶望に追い込んでしまう。野生人はもっぱら安息と自由を望み、生きることと暇でいることとしか望まない。ストア派の魂の平静《アタラクシア》でさえ、野生人たちがなにものに対してもまったく無関心であることにはとうてい及ばない。対照的に、市民は常に活動的で、汗を流し、身体を動かし、さらにいっそう骨の折れる役職を求めて、たえず思い悩んでいる。死ぬまで働き、生きることのできる境遇を手に入れるために死へと馳《は》せ参じることさえある。不朽の名声を獲得するために生命をなげうつ。心の中では憎んでいるお歴々や軽蔑している金持ちのご機嫌をうかがい、お仕えできる名誉を得るためならなにもいとわない。自分の卑劣さと自分が受けている庇護を傲慢にも自慢し、自分の隷属状態を誇りにして、共に隷属状態にあずかる名誉をもたなかった人々を見下して語る。苦しいとともにうらやましがられるヨーロッパの大臣の仕事は、カライブ人の目にはどのように映るだろうか。このものぐさな未開人は、たいていはうまくやりとげたという喜びでなぐさめられるわけでもないこのような恐ろしい生活をするくらいなら、無残に死んだ方がましだと思うのではなかろうか。これほどの配慮が何を目的としているのかがわかるためには、「権力」と「評判」という語がカライブ人の精神のうちで意味をもたなければならないだろうし、人間の中には、世間の人たちのまなざしに重きを置いて、自分自身が自分について証言するところではなく、他人が自分について証言するところに基づいて、幸せになったり自分に満足できたりするような者もいるのだということを、カライブ人は学ばなければならないだろう。こうしたあらゆる相違の本当の原因は次のようなものである。未開人は自分自身のうちに生きている。社会に生きる人間は常に自分の外にあって、他人の評価のうちにしか生きることができない。いってみれば、もっぱら他人の判断によって自分自身が存在しているという感情を引き出しているのである。このような傾向から、実に多くのりっぱな道徳論があるにもかかわらず、善悪についてこれほどの無関心が生じてくるのはなぜなのか。ありとあらゆるものが外見だけのものになって、名誉も友情も美徳も、そしてしばしば悪徳さえも、あらゆるものが作為的で演じられるものになってしまったのはなぜなのか。このように問うのも、ついには悪徳を自らの光栄とする秘訣が見いだされたからである。要するに、いったいなぜ、自分は何者であるのかという問いを他人に対しては常に問いながら、決して自分に対しては問おうとせず、これほどの哲学、人類愛、礼儀作法、崇高な格率にかこまれていながら、美徳のともなわない名誉、知恵のともなわない理性、幸福のともなわない快楽についての、人を惑わすたわいもない外面しかもたなくなってしまったのか。これらを示すことは、私の主題ではない。これが人間の本源的状態などではないということ、このように私たちの自然にかなったあらゆる性向を変化させ、変質させてしまったのは、もっぱら社会の精神と社会が生み出す不平等なのだということを証明しただけで満足である。

＊36　ルソーは自分の作品の読者が、著者との間に暗黙の契約を結んでいるとみなし、著者の方は誠実に書くことを、読者の方は注意深く読むことを義務として課されていると考えた。

＊37　ディオゲネスは厳格な禁欲主義者として自然に従って生きることを理想とし、樽の中に住んで、「人間を探している」といって白昼松明をもってアテナイの町を歩き回ったと伝えられる。ルソーの晩年の作品『孤独な散歩者の夢想』「第八の散歩」には、「十年も虚しく人間を探し求めたあとで、ついに私の提灯の火を消して、もう人間はいなくなったのだ、と叫ばなければならなかった」とある。

不平等の起源と拡大について、政治社会の確立と誤用について、神の法《ドロワ》に基づいて君主の権威に承認を与える神聖な教義とは独立して、もっぱら理性の光に基づいて、人間の本性から演繹される限りにおいて、説明しようとつとめてきた。その結果としていえることは、不平等は自然状態においてはほとんど無であるから、不平等が力を引き出し、増大してきたのは、もっぱら私たちの能力の発達と人間精神の進歩に基づいているということ、不平等がついに法にかなった揺るぎないものになったのは、私的所有と法律が確立されたことに基づいているということである。さらにそこから引き出される結論は、もっぱら実定法によって認められる道徳的不平等は、身体的不平等の程度と一致していない場合には必ず、自然法《ドロワ》に反するものになるということである。この二つの不平等を区別することは、文明化されたあらゆる国民の間に行き渡っている不平等がどのような種類のものだと考えるべきかを十分に明らかにするものである。というのも、自然法《ロワ》をどのように定義するとしても、子供が老人に命令したり、愚か者が賢い人を指揮したり、大多数の人が飢えて必要なものにも事欠いているのに、ほんの一握りの人たちが余分なものをもてあましているなどということは、明らかに自然法に反しているからである。

原注

献辞

(1)〔一二頁〕ヘロドトス〔前五世紀のギリシアの歴史家〕が伝えるところ〔『歴史』三・八〇―八四〕によれば、偽スメルディス〔アケメネス朝ペルシアを開いたキュロス二世を継いだ長子カンビセス二世は、前五二五年のエジプト遠征を前にして、弟のスメルディスに王位を奪われる夢を見たため、密かに弟を暗殺させる。王のエジプト遠征中に、外見が似ていた大神官のガウマタがスメルディスになりすまして王位を簒奪すると、これを殺害したダレイオス一世が第三代国王に即位した、とヘロドトスは伝えている。ただし、スメルディスはガウマタに扮して兄の暗殺を逃れた正統な王位継承者であった、とする説もある〕が殺害されたのち、ペルシアを解放した七名は、国家に与えるべき政府の形態について話し合うために集まった。オタネスは共和政を強く勧めた。このような意見が総督《サトラップ》の口にのぼるのは、ふつうのことではまったくなかった。オタネスは自分が王位につくと主張することもできたし、お歴々は、人々を尊重するように自分たちに強いるような政府を、死よりも恐れるものだからである。案の定、オタネスのいうことに耳をかたむける者などいなかった。君主を選挙で選ぼうとしているのを見るや、オタネスは服従することも命令することも望まず、喜んで他の候補者たちに王位につく権利を譲り、その埋め合わせとして、自分自身と自分の子孫たちが自由で独立していられるようにしてくれることだけを望んだ。この望みは聞き入れられた。ヘロドトスは、何も教えてはくれないけれども、この特権には必然的に留保が付されていたと想像しなければなるまい。さもなければ、オタネスは、いかなる法律も承認することなく、何人《なんぴと》にも釈明する義務をもたないことになるので、国家の中にあって絶大な権力を握り、国王をもしのぐ強い存在となっただろう。とはいえ、このような場合、こうした特権だけで満足できる人間が特権を濫用することがあったとは、まず考えられない。実際、賢明なオタネスによっても、そのいかなる子孫によっても、この権利が王国の中にほんのわずかでも混乱を招いたという形跡は認められないのである。

序文

(2)〔二九頁〕最初の一歩をふみだすそばから、哲学者たちから尊敬されている権威ある学説のひとつを信頼して、私のよりどころにしよう。なぜなら、それら権威ある学説は、哲学者たちだけが発見し、感知できるような、堅固で崇高な道理に由来するものだからである。

「私たちが自分自身を知ろうとすることにどれほどの関心をもっていようと、およそ自分ではないものについての方が、自分自身についてよりもいっそうよく知っているということがないものかどうか、わからない。自然から与えられた、もっぱら自分を保全するためだけにあてがわれた身体器官を、私たちは外部にあるものからの印象を受けとめるためにばかり用いている。私たちが求めるのは、もっぱら、自分の外へと我が身を押し広げ、自分の外で存在することなのである。自分の感覚器官の機能を増大させることに、自分の存在を外部へと拡大していくことにあまりにいそがしくて、私たちを自分のほんとうの大きさに限定して、自分ではないすべてのものから自分を引き離す、あの内的感覚を用いることはほとんどない。しかし、私たちが自分自身を知ろうとするならば、この感覚をこそ用いなければならないのである。唯一この感覚に基づいてこそ、私たちは自分について判断することができる。しかし、いったいどうしたら、この感覚を十全に働かせられるだろうか。いったいどのようにして、この感覚が宿っている私たちの魂を、私たちの精神がもつあらゆる幻想から救い出せるだろうか。私たちは魂を用いる習慣を失ってしまっている。魂は私たちの身体的な感覚が騒ぎたてる中で動かなくなったままであり、私たちの情念の炎にあぶられてひからびてしまっている。心情も、精神も、感覚器官も、すべてが魂に逆らって作用しているのである」。〔ビュフォン〕『博物誌』第四巻、一五二頁「人間の本性について」。

本論

（3）〔四七頁〕　二本足で歩くのが長期にわたる習慣になったことが、人間の姿形にもたらしたかもしれない変化に基づいて、人間の腕と四足動物の前足の間に今日なお観察される類似点に基づいて、あるいは、四足動物の歩き方から導き出される帰納的推論に基づいて、私たち人間にとってこのうえなく自然にかなった歩き方とはどのようなものだったに違いないかという点については、疑念が生じるかもしれない。およそ子供というものは、四本足で歩き始める。じっと立っていることを学ぶには、私たち大人が手本を示して教えてやる必要がある。未開民族の中には、コイコイ人のように、子供たちをまったくほったらかしにしておいて、子供たちがかなり長い期間にわたって手を使って歩くままにするので、後に矯正しようとするととても苦労するというありさまのものさえある〔この記述の出典は、さまざまな旅行記の抜粋・翻訳に説明を加え、フランスの小説家プレヴォ（Antoine François, Abbé Prévost）（一六九七—一七六三年）が編纂した『旅行記叢書』（一七四五—七〇年）に収録された、ドイツの旅行家・地理学者ペーター・コルベン（Peter Kolben）（一六七五—一七二六年）の『喜望峰地誌』（一七四一年）第一巻第一部第六章第三節である〕。アンティル諸島〔キューバ、ジャマイカなど、カリブ海に弧状に連なる島々〕のカライブ人たちの子供たちも同じように扱われている〔この記述の出典は、フランスの植物学者・博物学者、ドミニコ会士で、アンティル諸島に三度にわたって六年間滞在したデュ・テルトル（Jean-Baptiste Du Tertre）（一六一〇—八七年）の『サン＝クリストフ、グアドループ、マルティニック、その他のアメリカ諸島誌』（一六五四年）第五部第一章第四節である〕。四本足で歩く人間の実例には事欠かない。中でも、一三四四年にヘッセンの近くで発見された、オオカミに育てられた子供の例を参照してもよいだろう。ハインリヒ公の宮廷に連れてこられたこの子供は、自分の一存で決められるなら、人間たちの間で生きるより、オオカミたちのところに戻りたい、と話していたという。オオカミという動物と同じように歩く習慣にすっかりなじんでいたこの子供を、二本足で立たせて平衡を保たせるには、板切れにくくりつけておかなければならなかったという〔この記述の出典は以下のとおり。プーフェンドルフ『自然法と万民法』第一巻第二編第二章第二節、仏訳版訳者のバルベイラックによる注1〕。一六九四年にリトアニアの森で発見された、クマたちとともに生活していた子供についても同様だった。コンディヤックによれば、この子供は理性を宿しているいかなる徴候も見せず、両手両足を使って歩き、いかなる言語ももたず、人間の声と似たところがまったくない声を出すのだという〔アイルランドの医師コナー（Bernard Connor）（一六六六―九八年）の『医学の福音』（一六九七年）で紹介されたこの事例は、十八世紀の多くの思想家によって引用・参照された。とりわけ、ラ・メトリ『魂の博物誌』（一七四五年）、コンディヤック『人間認識起源論』（一七四六年）第一部第四章第一九―二三節、および『感覚論』（一七五四年）第四編第七章〕。数年前に英国の宮殿に連れてこられたハノーヴァーの未開人の少年〔一七二四年にハーメルン近郊で発見され、一七二六年にロンドンに連れてこられた、クマに育てられたとされる少年。『ガリバー旅行記』（一七二六年）の作者として知られるスウィフト（Jonathan Swift）（一六六七―一七四五年）の諷刺作品『英国民の前にあらわれた世にも不思議な出来事』（一七二六年）でとりあげられている〕は、意のままに二本足で歩けるようになるまでに、この世のあらゆる苦痛を体験した。一七一九年にピレネー山脈で見つけられた他の二人の未開人は、四足動物と同じように山の中をかけまわっていた〔この記述の出典は不明。スウェーデンの植物学者リンネ（Carl von Linné）（一七〇七―七八年）の『自然の体系』（一七三五年）でも、この事例について言及がある〕。これでは、私たちがしているように両手を使うことで、実に多くの利益を引き出すことなどできなくなってしまう、という反論がありうるかもしれない。しかし、サルたちの実例は、手にはたしかに二通りの使用法があることを示している。このことは、自然が定めた用途よりもさらに便利な用途のために四肢を利用することが人間に可能であることを証明しているだけで、自然が人間に教えるのとは異なった歩き方をするように自然が人間を運命づけたということを証明しているわけではない〔リンネは『スウェーデン動物誌』（一七四六年）で、人間を四本足で歩く動物に分類している〕。

しかし、人間は二本足で歩くものだという意見を支持するために述べるべき、ずっと確かな理由があるように思われる。第一に、当初、人間は現在見られるのとは異なった形態をしていたのが、結局今の姿になったのだ、などと証明してみせる人がいたとしても、現実にそのようなことが起こったと結論づけるのには十分ではあるまい。というのも、こうした変化の可能性を示した後で、なお、少なくともそれが本当らしいということを示さなければ、この説を認めることはできないからである。そのうえ、人間の腕が必要とあらば足として用いることができたように見えるとしても、それがこの学説にとって都合のよいただひとつの観察結果であるのに対して、この学説に反する別の観察結果は実に多くある。主なものを挙げてみよう〔以下に示される解剖学的知見を、ルソーはビュフォンの『博物誌』「人間の博物誌」に負っている〕。人間の頭と胴体の結合の仕方からして、人間が立って歩くときには、他のすべての動物と同じように、水平方向に目線がいくようになっているけれども、四本足で歩くときには目線はまっすぐ地面の方を向いてしまう。これは、己を保全するには、実に都合の悪い姿勢である。しっぽは四本足で歩く動物たちには役に立つもので、こうした動物の間ではもたない例外などひとつもないのに、人間はしっぽをもっていない以上、二本足で歩くよりほかない。人間の女性の乳房は、二本足で歩くなら子供を腕に抱くのに都合のよい位置にあるけれども、四本足で歩く動物にとっては実に都合の悪い位置にあり、四本足で歩く動物に同様の例はまったく見られない。前足に対して後ろの半軀が極端に高い位置にあるため、四本足で歩くときには、私たちは膝をついて引きずらなければならなくなってしまう。全体として見れば、釣り合いのとれていない動物ということになり、ぎこちない歩き方をすることになるだろう。手と同じように足もまっすぐ地面につけようとすれば、他の動物と比べて人間には関節がひとつ、つまり、砲骨を脛骨につなげている関節が欠けているので、おそらく足の先だけをつけるしか、ほかにやりようがないであろう。ところが、足根骨は、それを構成する骨の数が多いことはいうに及ばず、あまりにも太いため、砲骨のかわりをすることはできそうもないし、中足骨や脛骨と足根骨をつないでいる関節があまりにも近い位置にあるため、人間の足は、四本足で歩く動物の足に見られるような柔軟性をもつことはできないように思われる。自然にかなった力もまだ発達していない、四肢もしっかりしていない年頃の子供を例にとってみたところで、何も結論を引き出すことはできない。それなら、生まれてから数週間は這ってばかりいる犬も、歩くようにはできていない、ということになってしまうはずだと応じたい。個別的な事実を持ち出しても、すべての人間の間で普遍的に行われていることに対する反証として、まだほとんど力をもっていない。他の民族となんら交渉をもたず、他の民族のまねをまったくしていない民族を例にとってもなお、同じことである。歩けるようになる前に、森の中に捨てられて獣に育てられた人間の子供であれば、乳をくれたものにならって、同じように歩く練習をしただろう。このような歩き方は自然のままではたやすくできるようにはならなかっただろうけれども、習慣によって、その子供はたやすくできるようになったのだろう。ちょうど、手のない人が、私たちが手でしていることのすべてを足でこなす練習を重ねることによって、ついには足を手のように用いることができるようになるであろうのと同じである。

（4）〔四八頁〕　大地が自然本来は肥沃であるという仮説に対して私に反論するほど自然学にうとい人が読者の中におられるなどということがあったなら、私は次の一節をもって応じるだろう。

「植物は養分として、大地から引き出すよりもはるかに多くの物質を大気と水から引き出すので、腐敗したときには、大地から引き出した以上のものを大地に返すことになる。そのうえ、森林は水蒸気を蓄えて、雨を降らせる。このようにして、長い期間にわたって人の手に触れられずに守られた森では、植物に都合のよい地層がかなり発達するだろう。ところが動物たちは、大地から引き出すよりも少ないものしか大地に返さない。人間は、火を焚くために、また他の用途のために、大量の木や植物を消費する。その結果、人が住んでいる地域では植物層は常に減少していき、ついにはアラビアの砂漠地帯や中東の多くの地域によく見られるような土壌になってしまうに違いない。たしかに、もっとも古くから人間が住み着いたこれらの土地には、いまでは塩と砂しかない。それは、動植物の不揮発性塩だけが残り、そのほかのすべては蒸発してしまうからである」。ド・ビュフォン氏『博物誌』〔第一巻第二節「地球の歴史と理論」〕。

この記述に、ここ数世紀の間に発見された無人島のほとんどすべてが、ありとあらゆる種類の草木に覆われていたという事実を、証拠として加えることもできよう。というのも、歴史が教えるところによれば、いずこの土地でも、多くの人が住み着き、文明化されるに従って、広大な森林を伐採しなければならなかったからである。この点に鑑みて、次の三点を指摘したい。第一に、動物が引き起こす植物性物質の損失を埋め合わせられる植物があるとすれば、それはとりわけ、高い梢や繁った葉がほかの植物よりも水分や水蒸気を集めるのに適した森の樹木であることを、ド・ビュフォン氏の推論に従って指摘したい。第二は、土地の耕作が進むにつれて、住民がさらに工夫をこらして、それがなんであれ土地の産物を消費する量が増大していくにつれて、土壌の破壊、すなわち、植物に適した物質の損失は、ますます加速したに違いないということである。私の第三の指摘はさらに重要なもので、樹木の果実はほかの植物よりも豊かな栄養を動物に提供するということである。広さも地質も同等のふたつの土地の一方を栗の木で覆われるようにし、他方に麦を蒔いて、産物を比べるという実験をして、私も自分で確かめたことがある。

(5)〔四八頁〕　四本足で歩く動物の中から肉食のものを見分けるための、このうえなく普遍的な特徴が二つある。ひとつは歯の形状であり、二つ目は腸の構造である。植物だけを食べている動物の歯は、ウマ、ウシ、ヒツジ、ノウサギのように、みな平らな歯をしている。ところが、肉食動物の歯は、ネコ、イヌ、オオカミ、キツネのように、とがっている。また、腸についていえば、草食動物には、結腸のようなものがいくつかある。これは肉食動物には見られない。人間には草食動物と同じような歯と腸があるのだから、当然、草食動物に分類するのが自然である。この見解を裏づけるのは、解剖学的観察〔以上の知見をルソーはビュフォンに負っている〕だけではない。古代の記念碑もまた、この見解に与しているように思われる。聖ヒエロニムス〔Hieronymus（三四二頃―四二〇年）。カトリック教会の公認ラテン語訳聖書（ウルガータ）の翻訳者として知られる聖書学者〕の伝えるところによれば、「古代ギリシアに関する著作の中でディカイアルコス〔前三〇〇年頃のギリシアの哲学者・歴史家〕は、大地が人間の手を加えられずに豊穣であったサトゥルヌス〔ゼウスの父クロノスと同一視された古代ローマの農耕神〕の支配のもとでは、何人も肉を食べることはなく、自然に生育した果実と野菜を食べて暮らしていたと報告している」（『反ヨヴィアヌス帝』第二巻〔ルソーはこの箇所を、バルベイラックが仏訳したグロティウスの『戦争法と平和法』第二巻第二章の訳注13から重引している〕）。〔一七八二年増補：この見解はさらに、近年の何人かの旅行者たちの証言によっても裏づけられる。中でも、フランシスコ・コレアル〔Francisco Coreal（一六四八―一七〇八年）。スペインの旅行家〕によれば、キューバ、サント＝ドミンゴ、その他の島々にスペイン人たちが移住させたバハマ諸島の住民たち〔ルカヨ族〕の大部分は、肉を食べたために死んでしまったのである〔『西インド諸島旅行記』第一巻第一部第二章。当該箇所は仏訳版（一七二二年）に依拠して、ビュフォン『博物誌』第一三巻でも参照されている〕。〕そうしたいと思えば強調することもできたはずの、私にとって有利になる多くの点にあえて触れずにいたことが、ここからおわかりいただけるだろう。というのも、肉食動物の間ではほとんどもっぱら獲物をめぐって争いごとが起こるのに対して、草食動物たちは常に平和に生活しているので、人類が後者に属するのであれば、明らかに、自然状態にあった方がはるかに容易に生きのびることができただろうし、自然状態の外に出る必要も機会もはるかに少なかったはずだからである。

(6)〔五〇頁〕およそ反省を必要とするようなあらゆる認識、観念の連鎖を通じてしか獲得されず、少しずつ順を追ってしか完成に向けて改善していくことがないようなあらゆる認識は、野生人の手にはまったく届かなかったと思われる。それは、同類たちとの意志伝達がないためである。すなわち、この意志伝達に用いる道具と意志伝達を必要とさせる欲求がないためである。その知識と工夫は、せいぜい、とびはねたり、走ったり、戦ったり、石を投げたり、木によじ登ったりする程度でしかない。このようなことしかできないとしても、そのかわりに、このようなことをする必要に同じようには迫られていない私たちよりも、はるかに上手にできる。こうしたことが上手にできるかいなかは、もっぱら身体の鍛練によるので、ある人から別の人へと伝えられることも進歩することも、まったく考えられない。最初の人も、自分の最後の子孫たちとまったく同じくらいに熟達することもできたのである。

野蛮で未開な民族の力強さ、たくましさを示す実例については、旅行者たちの報告に実に多くとりあげられており、その器用さと身軽さが惜しみなくたたえられている。こうしたことを観察するには眼がありさえすればよいのだから、実際に目撃した人たちがはっきり述べていることを信頼しない理由などない。たまたま手元にある本から、いくつかの例を適当に引いてみることにしよう。

コルベンは次のように述べている。「コイコイ人たちは、ケープタウンのヨーロッパ人たちよりも魚を捕る術をよく知っている。入り江であろうと河であろうと、網を使っても、釣り針を使っても、銛《もり》を使っても、同じように巧みである。素手でも同じように巧みに魚を捕まえる。泳ぎも肩を並べるものがないくらい上手である。その泳ぎ方は、どこかしら驚くべきところがあって、まったく独特である。身体をまっすぐに立てて、水の外で両手を広げるので、まるで地上を歩いているかのように見える。海が大きく荒れて山のような高波が来ても、一片のコルクのように昇ったり降ったりしながら、いわば波の背に乗って踊るのである」。

この著述家は、さらに次のように続ける。「コイコイ人たちは、狩りも驚くほど巧みで、走るときの身軽さといえば、想像も及ばない」。これほど敏捷なのに、それが悪用されることがほとんどないことに、書き手は驚いている。とはいえ、示された実例からもわかるように、ときには悪用されることもあるわけである。いわく、「あるオランダの雑役の船乗りがケープタウンに上陸して、ひとりのコイコイ人に二〇リーヴルほどのタバコの葉巻を自分の後について街まで運ぶよう命じた。二人が一行から少し離れたとき、コイコイ人は、走れるか、と雑役の船乗りに尋ねた。走れるかって、もちろんだとも、とオランダ人が答える。やってみましょう、とアフリカ人が応じて、タバコをもって逃げ去り、またたく間に姿が見えなくなった。あまりの速さにあぜんとした雑役の船乗りは、追いかける気にもならなかった。そして、この運び手もそのタバコも、二度と決して目にすることはなかった。

コイコイ人たちの鋭い眼と正確な手には、ヨーロッパの人たちはとうてい足元にも及ばない。百歩も離れた場所から石を投げて、半ソル硬貨くらいの小さな的にも命中させることだろう。さらに驚くべきことに、私たちがするように的を見つめるのではなく、たえず身体を動かしたりねじったりしながら投げるのである。まるで、目に見えない手で石が運ばれているかのようである」〔以上は、プレヴォが編纂した『旅行記叢書』第五巻（一七四八年）に依拠した重引である〕。

喜望峰のコイコイ人たちについていま読んだのとほとんど同じ記述を、アンティル諸島の未開人たちについてデュ・テルトル神父が残している〔『サン・クリストフ、グアドループ、マルティニック、その他のアメリカ諸島誌』（一六五四年）第七部第一章第五節〕。とりわけ、飛んでいる鳥や泳いでいる魚を矢で正確に射抜くことが称賛されている。射抜いた後で、水に入って捕まえる。北アメリカの未開人たちもまた、同じように体力と器用さで知られている。次に、南アメリカのインディオたちについて判断できる実例を見てみよう。

一七四六年に、カディスでガレー船徒刑を科されたブエノス・アイレスのひとりのインディオが、祭礼のときに命を危険にさらすことで自由を贖いたい、と総督に申し出た。手にする武器といえば、ただ一本のロープだけで、たったひとりきりで怒り狂った雄牛とたたかい、投げ飛ばし、指定された部位をロープでしばって捕まえ、鞍をつけ、手綱をしめ、またがり、そうして雄牛にまたがったまま、通路から出された別の二頭の怒り狂った雄牛とたたかい、命ぜられたその瞬間に、誰の助けも借りずに二頭とも殺してみせるといって、聞き入れられた。このインディオは約束を守り、すべてをなし遂げた。どのようにたたかったのか、その詳細については、ゴーティエ氏〔Jacques-Fabien Gautier d'Agoty（一七一六頃—八五年）。フランスの解剖学図版画家〕の『博物学、物理学、絵画に関する考察』〔一七五二—五八年〕十二折本の第一巻を参照されたい。この事例は二六二頁からとったものである。

(7)〔五二頁〕ド・ビュフォン氏は次のように述べている。「ウマの寿命は、ほかの種類の動物と同じように、その成長期間に比例している。人間は成長するのに十四年かかるから、この期間の六〜七倍、すなわち、九十年から百年生きることができる。ウマは成長に四年を要するので、同じように六〜七倍して、二十五年から三十年生きることができる。この法則から外れうるような実例はきわめてまれなので、そのようなものを例外として持ち出して、なんらかの結論を引き出せるなどと考えてはならない。そして、太ったウマは痩せたウマよりも短い時間で成長するので、寿命も短く、十四歳にもなれば老馬である」。『博物誌』〔第四巻（一七五三年）〕「ウマについて」。

(8)〔五二頁〕肉食動物と果食動物の間には、鳥類にまで及んでいるだけに、注（5）で指摘したものよりもはるかに一般性をもった差異が見られるように思われる。この差異は子供の数にかかわるもので、植物だけを食べて生きている種では一回の出産で生まれる子供の数が二を越えることはないのに対して、肉食の動物では通常これよりも多くなる。この点について自然が何を定めているのかは、乳房の数から容易に知ることができる。すなわち、ウマ、ウシ、ヤギ、シカ、ヒツジなど草食の種の雌は乳房が二つだけであるのに対して、イヌ、ネコ、オオカミ、トラのような別の種の雌は、常に乳房を六あるいは八もつ。ニワトリ、ガチョウ、カモといった肉食の鳥は、ワシ、ハイタカ、フクロウと同じように、たくさんの卵を産んで温める。このようなことは、ハト、コキジバトやその他の穀物しか食べない鳥には決して起こらず、たいていは、同時に産んで温める卵は二個だけである。このような差異《は》の理由として考えられるのは、草や木だけを食べて生きている動物の場合、ほとんど日がな一日餌を食んだままでいて、栄養を摂るために多くの時間を費やさなければならないため、たくさんの子供に十分な乳を与えられないだろうということである。これに対して、肉食動物はほとんど一瞬で食事を終えるので、はるかに容易に、子供の世話と狩り場を行き来できるので、大量の乳を消費しても埋め合わせることができる。この点については、数多くの個別的な事例を観察し、省察しなければならないだろう。しかし、それはここでの課題ではない。ここで自然のもっとも一般的な体系を、すなわち、人間を肉食動物の類から引き抜いて果食動物に分類する新たな理由を提供する体系を示しただけで、私としては十分である。

(9)〔六〇頁〕ある高名な著述家が、人生の善〔幸福〕と悪〔不幸〕を計算して、それぞれの総計を比べてみたところ、悪が善よりもはるかに上まわっていたことから、人生は人間にとって、どちらかといえば悪い贈り物だと考えた〔ベルリン・アカデミー院長を務めたフランスの数学者・哲学者モーペルテュイ(Pierre Louis Moreau de Maupertuis)(一六九八—一七五九年)の『道徳哲学試論』(一七五一年)第二章〕。この結論は、私にとって驚くに値しない。この結論にいたるすべての推論は、文明人のなりたちから引き出されたものだからである。この著述家が自然にかなった人間にまでさかのぼっていたならば、まったく異なる結果に導かれたことだろう。そして、人間は自ら招いた悪のほかには、ほとんど悪というものをもたないと悟っただろう。自然が正当であることが証明されただろう。私たち人間が、やすやすと自らをこれほどまでに不幸にしてしまったわけではあるまい。一方で、あれほどの学問が究められ、あれほどの技芸が発明され、あれほどの力が用いられ、深淵が埋め立てられ、山々が削られ、岩が砕かれ、運河が通され、大地が開墾され、池が掘られ、沼地が干拓され、巨大な建造物が建てられ、海が船と雑役の船乗りで覆われ、といったぐあいに、人間たちの膨大な労力が注ぎ込まれたことが認められる。他方で、こうしたすべてのことからもたらされたものには、人類の幸せのためにほんとうに役立つところがどの程度あったのか、ほんの少し瞑想して検討してみよう。注がれた労力とその効果の間に驚くべき不均衡が広い範囲で認められるのを見て、呆然とするしかない。そして、常軌を逸した傲慢とわけのわからない虚しい自己讃美をふくらませるために、ありとあらゆる悲惨を追いかけて勇んで駆けよっていった人間の無分別を、嘆かずにはいられない。ところが、人間がこうもやすやすと陥ってしまった悲惨を、慈悲深い自然は周到に人間から遠ざけていたのだった。

人間たちは邪悪である。たえず繰り返される悲しい経験を見れば、その証拠を示す必要もない。しかし、人間は自然にかなったあり方では善良である。私はそれを証明したと信じている。これほどまでに人間を堕落させることができたのは、人間のなりたちに不意に起こった変化、人間がなした進歩、人間が獲得した知識でないとすれば、いったいなんであろうか。好きなだけ人間社会を称賛するがよい。それでも、社会は必然的に、人間たちの利害心が大きくなるのに比例して、人間たちが互いに憎み合うようにさせていること、表面的には互いに尽くし合っているふりをしながら、実際には、およそ想像しうるありとあらゆる悪を互いにはたらいていることは、やはり真実であることにかわりない。公共の理性が社会集団に対して説いているところとは正反対の格率を各個人の理性が命じているとき、各人が他人の不幸のうちに自分の利益を見いだすとき、人と人の交わりについて、いったいどのように考えたらよいだろうか。およそ裕福な人で、その貪欲な相続人たちが、しばしば実の子供たちが、死んでくれるように、と密かに願っていないような例はないだろう。海上を行く船で、その難破がどこかの商人にとって良い知らせとなることがないようなものは一艘とてないだろう。およそ家というもので、悪意をもった債務者が、そこにあるすべての書類とともに燃えてしまえ、と願わないようなものは一軒とてないだろう。近隣の民が被った災害を喜ばないような民はいないだろう。このようにして、私たちは、同類の損害のうちに己の利益を見いだし、誰かが失えば他の者が繁栄するのである。しかし、さらに危険なことがある。それは、国を襲う災害が、多数の個人たちの期待や希望になっていることである。ある者たちは疫病を、他の者たちはたくさんの人たちの死を、ある者たちは戦争を、別の者たちは飢饉を願っている。豊作になりそうなのを嘆き悲しむ恐ろしい人たちがいるのを、私は見たことがある。実に多くの不幸な人たちが命や財産を失ったロンドンの忌まわしい大火災〔一六六六年〕によって財産をなした人たちは、おそらく一万人以上いる。なるほど、モンテーニュは、柩を法外な値段で売って市民たちの死を種に大儲けした職人を処罰させたアテナイのデマデス〔前三八四―三二〇年頃。弁舌に秀でた政治家〕を非難している〔『エセー』第一巻第二二章〕。しかし、モンテーニュがこの話を持ち出している理由は、このようなことをすれば皆を罰さなければならなくなってしまうだろうということだから、この話は明らかに、私の主張を裏づけるものとなる。どうか、たわいもなく私たちの間で親切なふりをしてみせているのに惑わされず、心の奥底でなにが起きているのかを見きわめていただきたい。あらゆる人間たちが、義務のために生まれながらの敵となり、利害心のために生まれながらの偽善者となって、互いに抱きしめ合うように強制されていながら、なおかつ、互いに殺し合うように強制される、ということが起こるようなものごとの状態が、いったいどのようなものであるに違いないのかを見きわめていただきたい。もし、各人が他人に奉仕することで利益を得るように社会はなりたっているものなのだといって私に反論する人があれば、各人が他人に害を与えることでさらに大きな利益を得るなどということがないのであれば、それはそれで至極けっこうなことだと応じることだろう。およそ正当な利益が、不当に得られる利益を上まわることはない。隣人に奉仕するよりも隣人に損害をもたらす方が、つねに自分にとってより大きなもうけになるものである。そうなると、もはや、確実に罰せられることがない方法を見つけさえすればよいことになる。強者たちはあらん限りの力を用い、弱者たちはあらん限りの策略を用いるのである。

野生人は、食事をすませてしまえば自然全体とともに平穏に過ごし、自分の同類たちみなの友である。食べ物を争うようなことになったら、どうなるだろうか。殴り合いになる前にまず、必ずや、相手をやっつけるのと、よそで食べられるものを見つけるのと、どちらが難しいかを天秤にかけてみるはずである。それに、たたかうといっても、傲慢が入り込むことがないので、何度か殴るだけでおしまいになる。勝者は食べ、敗者はよそに幸運を探しに行き、万事が静まる。ところが、社会の中で生きる人間では、事情がまったく違う。まずは必要不可欠なもの、ついで余計なものを与えなければならない。さらに、無上の喜びをもたらすものが、莫大な富が、さらに、家来が、奴隷が、と続いて、一休みもできない。このうえなく奇妙なことに、欲求が自然にかなったものでも、さし迫ったものでもなくなるほど、情念は大きくなるのである。さらに悪いことには、そうした欲求を満たすために必要な権力も大きくなる。そのため、久しく繁栄をきわめた後で、宝物の山を貪った後で、たくさんの人間たちを悲嘆にくれさせた後で、ついにわが英雄はすべてを自らのいけにえとし、しまいにはこの世界のただひとりの主人となるだろう。このようなものが、人間の一生とはいわないまでも、少なくとも、およそ文明化された人間たるものが心の奥底に秘めている願いを簡単に描いてみた、精神の素描なのである。

文明人の境遇と野生人の境遇を、先入見なしに比べてみるがよい。できることなら、文明人がその邪悪さ、欲求、悲惨に加えて、苦痛と死に通ずる扉をどれほど新たに開いてしまったのかを研究してみるがよい。私たちを責めさいなむ精神の苦痛、私たちを疲弊させ悩ませる激しい情念、貧しい人たちにのしかかる重労働、富んだ人たちが身を委ねるさらにいっそう危険な悦楽について、じっくり考えてみるがよい。ある者たちは必要不可欠な欲求を満たすことができないために、別の者たちはもてあましているために、どちらも死ぬことになる。食べ物にとんでもない混ぜ物が入っていることを、有害な調味料を、腐った食品を、偽装された薬剤を、売り手たちの詐欺行為を、薬剤を管理する人たちの誤った考えを、薬剤を調整するときに使われる容器についた毒〔「銅食器の使用の危険性について」と題された、フランスの歴史家・哲学者レナール（Guillaume Thomas Raynal）（一七一三—九六年）の論考を一七五三年六月号に掲載した『メルキュール・ド・フランス』誌に、ルソーは「銅食器に関するレナールへの手紙」を投稿している。もっとも、この危険性については事実誤認があったようである。なお、ルソーは『新エロイーズ』や『エミール』など、ほかの作品でも食品や薬剤の偽装を問題にしている〕を、考えてみるがよい。大勢の人間たちがひしめき合っているところで悪い空気がはやらせる感染症に対して私たちの生活様式が虚弱であるために、私たちが家の中と外を行き来するために、あまりにもおざなりに服を着たり脱いだりするために、そして、私たちのいきすぎた官能のためになくてはならない習慣となり、それを軽んじたり奪われたりすれば健康を害したり命を落としたりしかねない、ありとあらゆる配慮のために、引き起こされる病に注意していただきたい。いくつもの町をすっかり焼き尽くす火災や、町を壊滅させる地震が、何千もの住民たちの命を奪うことを考慮してみていただきたい〔リスボンの大地震をめぐって、ルソーは一七五六年八月十八日付「ヴォルテール宛ての手紙」で、損害を増大させた人間の過ちを断罪している〕。要するに、私たちの頭上には、いくつもの危険を招くありとあらゆる原因が集まっていることを、考え合わせていただきたい。そうすれば、自然の教訓をないがしろにしたことに対して、自然がどれほどの対価を私たちに課しているのかを感じとることができるだろう。

戦争について、すでにほかのところで述べたことを、ここで繰り返すまい。しかし、兵糧や衛生隊を請け負う者たちが軍の中で犯している醜悪なことの詳細について〔不正によって暴利を貪る軍商について、ルソーは原注（18）でも触れている〕、事情によく通じた人たちが、一度でも公にすることを考えてほしいものである。あるいは、あえて、そのようにしてもらいたいものである。そうすれば、請け負った業者たちがなかば公然と行っている策略のせいで、このうえなく輝かしい軍隊が一瞬のうちに崩れ去り、敵の剣で切られるよりも多くの兵士たちが命を落としているのがわかるはずである。また、飢餓、壊血病、海賊、火事、難破のせいで、毎年毎年どれほどの人間たちが海にのみ込まれているのかを計算してみれば、同じように驚くべき数になるだろう。さらに、確立された私的所有が、したがって社会がもたらすものとして、暗殺、毒殺、追い剝ぎ、また、こうした犯罪を犯した人に対する処罰をも数えなければならないことは明らかである。処罰は、さらに重大な犯罪を予防するために必要不可欠ではある。しかし、ひとりの人間を殺害したことで二人以上の命を奪う以上、人類の損失を現実的に倍にせずにはおかない。どれほどの恥ずべき手段が、人間が生まれてくるのを妨げ、自然を欺いていることだろう。たとえば、自然のもっとも魅力ある作品を侮辱する、粗暴で堕落した趣味、未開人たちも動物も決して知ることなどなかった、もっぱら堕落した想像力だけが、文明化された国々に生み出した趣味である〔ルソーから献呈された本書『人間不平等起源論』の余白に、ヴォルテールは「この破廉恥な行いはアメリカ大陸にも見られる。また、ユダヤの書物を読めば、男色を好む人たちよりもさらに野蛮な民がいたことがわかる」と書き込んでいる〕。あるいは、放蕩と不名誉の報いである果実をひそかに堕胎させることである。あるいは、両親の貧困や母親たちの野蛮な恥辱の犠牲者であるたくさんの子供たちを、遺棄したり殺害したりすることである。あるいはまた、不幸な人たちを去勢して、むなしい歌のために〔少年の音域を維持するために処置を受けた男性去勢歌手《カストラート》の場合〕、あるいはもっと悪いことには、いくらかの人たちの粗暴な嫉妬心のために〔帝以外の男性が後宮に入らないように監視する役割を担う宦官の場合〕、自分の存在の一部分と子孫を犠牲として捧げることである。この第二の場合の去勢は、去勢される人たちが受ける扱いによって、また、この人たちに与えられる役割によって、自然を二重に侮辱しているのである。〔一七八二年増補：ところで、父権が公然と人間性を侮辱するという、さらに頻繁に起こりうる、さらに危険な事態が、無数にあるのではないだろうか。父親たちの思慮を欠いた拘束を受けて、埋もれてしまった才能やねじ曲げられた気質が、どれほどあることだろう。適切な境遇にあれば抜きんでた存在となっただろうに、意にそぐわない境遇に置かれたために不幸で面目もたたずに死んでいった人たちが、どれほどいることだろう。自然に基づいた秩序とは常に相いれない身分の違いに基づいた秩序のために、身分が釣り合わないといってどれほどの幸せな結婚が破談になり、妨げられたことだろう、どれだけの貞淑な妻となるはずだった女性たちがはずかしめられたことだろう。愛も理性も認めない異様な縁が、利害に基づいてどれほど結ばれることだろう。誠実で徳高い夫婦でありながら、相性が悪いために互いに責めさいなみあっている例が、どれほどあることだろう。貪欲な両親の犠牲となって悪徳の中に身を沈め、涙を流しながら悲しい人生を過ごし、心の底では拒んでいながら、もっぱら金だけが結ばせた解《ほど》くことのできない絆にしばられてうめいている、不幸な若者たちがどれほどいることだろう。野蛮な暴力によって罪や絶望のうちに過ごすことを強いられる前に、勇気と美徳をもって自ら命を絶つ女性たちは、ときに幸いなのである〔ルソーは、貴族の令嬢と平民の家庭教師の許されない愛を綴った書簡体小説『新エロイーズ』（一七六一年）を執筆した〕。許していただきたい、永遠に哀れむべき父よ、母よ。私はあなたがたの苦しみを刺激するのは心苦しい。けれども、あなたがたの苦しみこそ、誰であれ、自然の権利の中でもっとも神聖なものを、まさにその自然の名のもとに冒瀆する人に対して、永遠に続く耐えがたい見せしめになりうるものなのである。

私たちの治政《ポリス》が生み出した不釣り合いな婚姻についてしか私は語らなかった。だからといって、愛と共感にあふれた婚姻が、それだけであらゆる不都合をまぬがれるなどと考える人がいるものだろうか。

その源泉そのものにおいてさえ、また、ありとあらゆる絆の中でもっとも神聖な絆において、人類が攻撃を受けていることを示そうと私が企てたなら、いったいどうなるだろうか。この神聖な絆にあってさえ、自然に耳を傾ける前に、まずなによりも財産を気にかけ、美徳と悪徳を混同する社会の無秩序のために、禁欲的な生活は罪深い用心とみなされ、同類に命を与えることを拒むことが人道的な行為とみなされているではないか。しかし、あまたの恐ろしいことを被っているヴェールを引き裂くのはやめておこう。私たちとしては、病〔悪〕がどのようなものであるのかを示すだけにとどめよう。そうすれば、治療薬は、ほかの人たちがもってきてくれるに違いない。

以上に述べたすべての事柄に、寿命を縮め、身体をこわす数多くの健康に悪い仕事を加えてみるがよい。たとえば、鉱山での労働、金属や鉱物の調合、とりわけ、鉛、銅、水銀、コバルト、砒素、鶏冠石の調合である。ほかにも、屋根ふき職人、大工、石工、石切り工など、毎日たくさんの労働者たちの命を奪っている危険な職業がある。こうしたことをすべて集めてみるがよい。そうすれば、人類の数が減少していることを主張している哲学者はひとりにとどまらないのであるが〔モンテスキュー『ペルシア人の手紙』一一二—一二二、『法の精神』第四部第二三編第二四章〕、その理由が、社会をうちたて、完成に向けて改善することのうちにあることを、見いだせるだろう。

自らの快適な生活と、他人から重んじられることを渇望する人間たちにあって、奢侈〔ぜいたく。奢侈は人間を柔弱にして道徳の頽廃を招くという主張と、むしろ人間の生活を豊かにする技芸を洗練させる効用があるという主張が対立し、ルソーが活躍した十八世紀には奢侈をめぐる論争がさかんだった。経済力を高めた一部の平民の人々が、従来は貴族にだけ見られた豪華な着衣や装飾を身につけたり、官職を買い取ったりすることによって、貴族と平民の区別が曖昧になっていたことが、その背景にある〕を予防することなどできない。奢侈は、社会が招き入れた病〔悪〕を、いずれは行き着くところまで導いてしまう。そもそも貧しい人たちを生み出してはならなかったはずなのに、その貧しい人たちを生活させてやるのだという口実のもとに、残りの人たちをみな貧しくさせてしまい、遅かれ早かれ国家の人口を減少させるのである。

奢侈は病〔悪〕を癒すのだなどと言い張る人もいるけれども、その実、その病よりも有害な治療薬である。むしろ、奢侈そのものが、あらゆる病の中でも最悪の病なのであって、大きな国家であろうと小さな国家であろうと、奢侈がつくりだした無数の下僕や貧民たちを養うために、農民や市民〔都市の住民〕をうちのめし、破滅させてしまう。まるで、すべてを貪りつくす昆虫で草木をおおい、有益な動物たちの食料を奪い、かすめていく先々で飢饉と死をもたらす南方の熱風のようなものである。

社会と社会が引き起こす奢侈から生まれるのが、学芸、工芸、商業、文芸であり、そして産業を花開かせ、国家に富をもたらすとともに国家を破滅させる、ありとあらゆる無用の長物である。国家が衰退する理由はきわめて単純である。たやすく見てとれることであるが、農業はその本性からして、あらゆる技芸の中でもっとももうけが少ないものに違いない。農業が生産するものを利用することは、すべての人間たちにとって、ほかの何にもまして必要不可欠なことだから、その価格は、もっとも貧しい人たちのふところぐあいと釣り合っていなければならない。この原理に従って導き出される法則は、一般に技芸のもうけは、その技芸の有用性と反比例し、もっとも必要性の高い技芸が、もっともかえりみられることがない、というものとなるに違いない。ここから、産業がもたらすほんとうの効用が何であるのか、産業が進歩することが現実にどのような結果をもたらすのか、それをどう考えるべきかがわかるのである。

以上が、このうえなく見事とほめそやされる国民たちでさえ、豪奢な生活のために結局はありとあらゆる悲惨へと突き落とされてしまう、はっきりした理由である。産業と技芸が広まり、開花するにつれて、農民はないがしろにされ、奢侈を維持するために必要な税を負わされ、空腹をかかえて労苦のうちに生涯を過ごすことを余儀なくされ、ついには畑を捨て、都会にパンを探しに行く。しかし、その農民こそが、都会にパンをもたらすはずだったのである。大都会が民の愚かな目を賞賛させればさせるほど、いっそう畑が捨てられ、土地は荒れ果て、大通りが不幸な市民たちであふれかえるのを見て、うめかなければならなくなるだろう。不幸な市民たちは、物乞いか泥棒になり、いずれは、車裂きの刑になるか、糞尿にまみれて惨めな生涯を閉じることになる。このようにして、国家がある面では富を得ながら、別の面では力を失っていき、このうえなく強大な王国といえども、富を蓄えながら苦労して人口を減らしたあげく、ついにはより貧しい国民たちの餌食になる。この貧しい国民たちもまた、強大な国々を侵略するという不吉な誘惑に負け、こんどは自ら富を蓄え、柔弱になり、別の国々に侵略され、滅ぼされる番が回ってくる。

何世紀にもわたって、ヨーロッパ、アジア、アフリカにあふれかえったあの蛮族の大群をつくりだしたのが、いったい何だったのか、説明していただきたい。工夫された技芸、賢明な法、優れた治政が、あの蛮族たちのけたはずれの人口を生み出した、などというのだろうか。知識も、歯止めも、教育もない、獰猛で乱暴な人間たちが、牧草や狩りの獲物を争ってたえず殺し合うということもなく、むしろ人口を増やしていったのは、いったいなぜなのか、私たちの物知りたちに教えていただきたいものである。あれほどりっぱな軍規と法典、あれほど賢明な法律をもっていた私たちの先祖のような有能な人たちと正面から対峙する大胆さを、この惨めな人たちがどうしてもちえたのか、ということだけでも説明していただきたいものである。つまるところ、北方の国々で社会が完成に向けて進歩して、そこでさんざん苦労して、互いに負っている義務と、共に心地よく平和に暮らす技術とを人間たちに教えるようになって以来、かつてはたくさんの人間たちが生み出されていたというのに、もはや同じような光景が見られなくなってしまったのは、いったいなぜなのだろうか。最後の最後に、誰かが次のように私に答えようと思いつくのではないかと心配である。技芸、学問、法律といった偉大なものすべては、人間たちによって実に賢明に発明されたものであり、私たちに定められたこの世界が、その住民たちにとってあまりに小さくなってしまうといけないので、人類の数が増えすぎるのを防ぐための、有益なペストのようなものなのである、と。

なんということだろう。それでは、社会を破壊し、君のものと私のもの〔私的所有〕をなくし、森に帰ってクマと一緒に暮らさなければならないのだろうか。これは私の論敵たちの論法から出てくる結論である。このような結論を引き出す恥辱を、私の論敵たちに残しておいてやりたいという気持ちと、あらかじめ防いでやりたいという気持ちが同じくらいある。ああ、天の声を聴かせてもらったことなど一度たりともなく、この短い命を平和のうちに終えることのほかには、自分の種に定められた使命を認めないあなたがた、あなたがたが獲得した不吉なもの、あなたがたの決して満たされない精神、あなたがたの腐敗した心、あなたがたの抑えがたい欲望を、町のただなかに放置したままにしておけるあなたがた、あなたがたが古来もっていた、原初的な無垢を取り戻すがよい。それはあなたがた次第でできることなのだから。森に行って、あなたがたの同時代人たちの悪徳を見ることなく、忘れるがよい。同時代の人たちがもっている悪徳を捨てるために、その知識も捨てるからといって、あなたがたの種を卑しめるのではないかと恐れることはない。私によく似た人間たちは、その情念が原初的な素朴さを永遠に葬ってしまったので、もはや草やどんぐりを食べて生きていくことができなくなってしまい、法律と首長がなくてはならなくなってしまった。その最初の父祖が自然を超えた教訓を授かる栄誉をもった人たち、人間の行為が長い年月をかけても獲得できないほどの道徳性を、人間の行為にはじめから与えようという意図のうちに、それじたいとしては重要でもなく、他の体系の中であれば説明もつかないような教訓がもつ道理を見た人たち、要するに、天上の知性の光と幸福へと神の声が全人類を招いて呼んでいることを確信している人たち、こうした人たちはみな、美徳を認識することを学びながら美徳を実践することを自らに課して、美徳を磨き、そうすることで期待すべき永遠の報償に自分がふさわしくなることを学ぶのである。この人たちは、自分たちが構成員となっている社会の神聖な絆を尊重するだろう。同類たちを愛するだろう。力の及ぶ限り、同胞たちの役に立とうとするだろう。法律と、法律をつくった人たちと、法律を執行する人たちに、誠実に従うことだろう。とりわけ、私たちをうちまかそうとたえず手ぐすねをひいている無数の悪習や病〔悪〕を予防し、治し、痛みを和らげる力があるはずの、善良で賢明な君主たちをたたえるだろう。恐れることも、へつらうこともなく、役割と義務の偉大さを示すことで、立派な首長たちの熱意を鼓舞するだろう。しかし、たいていは望んでも獲得できない実に多くの尊敬すべき人たちの助けがなければ維持できないような、そして、あらゆる配慮をしてみたところで、常に見かけの利益よりもいっそう多くの災難を実際に生み出すような社会のなりたちについては、やはり軽蔑するだろう。

(10)〔六二頁〕自分で直接に、あるいは歴史を通じて、あるいは旅行者たちを介して、私たちが知っている人間たちの中には、黒い人たちもいれば、白い人たちもいれば、赤い人たちもいる。髪の長い人たちもいれば、縮れ毛しかもたない人たちもいる。ある人たちは体じゅう毛むくじゃらであるが、別の人たちには髭すらない。巨人のような身長の民族がかつていたし、おそらくは現代でもいるのだろう。たんなる大げさな話にすぎない可能性が大いにある小人族《ピグミー》のことは脇におくとしても、サーミ人たち〔北欧最北端のサーミの土地に住む人たち〕やグリーンランド人たちは、人間の平均的な身長よりもはるかに低いことが知られている。四本足で歩く動物と同じようにしっぽをもっている人ばかりの民もいる、と主張する人さえいる。ヘロドトスやクテシアス〔ペルシア王アルタクセルクセス二世に仕えた、前五世紀後半から四世紀前半の古代ギリシアの歴史家〕の報告を確かめもしないで信じるわけにはいかないけれども、少なくとも、実に真実らしく思える意見を引き出すことはできよう。それは、さまざまな民族が今日見られるよりもはるかに多様な生活様式のもとで暮らしていた古代にあって、しっかりと観察できたなら、身体の形態についても身体の用い方の習慣についても、はるかに際立った多様性を見いだすことができただろうということである。疑うことのできない証拠をたやすく示しうる、これらすべての事実に驚く人がいるとしたら、それは、自分の身の回りにあるものしか見ないことに慣れきって、環境、大気、食物、生活様式が、つまりは、一般に習慣が、その多様性によってどれほど大きな影響力を及ぼすのかを知らない人たち、とりわけ、同じ原因が何世代にもわたる長い期間にたえずはたらくことによって、どれほどの力を及ぼすのかを知らない人たちだけである。今日では、交易、旅行、征服によって、さまざまな民が以前にもまして結びついており、頻繁な交流を通じて生活様式もどんどん似通ってきている。そのため、民族の間の相違点もかなり少なくなったのが見てとれる。たとえば、今日のフランス人たちは、かつてローマの歴史家たちが描いたように、背が高く、肌の色が白くて、金髪をしているわけではなくなっていることは、誰でも気づく。もっとも、住民たちの自然本来の体格と肌の色に環境が及ぼしたはずの影響が、ローマ人と交わることによって消えてしまったのを、やはり白い肌と金髪をもったフランク族とノルマン人の血が混ざることで、時間とともに取り戻しただけのことなのかもしれないけれども。人類について、無数の原因によって生じる可能性がある多様性についてなされた、そして実際に生じた多様性についてなされた、ありとあらゆる観察に基づいて、私は疑いをもっている。旅行者たちが、たいして確かめもせずに、あるいは、外見的な形態になにがしかの相違点を認めたために、あるいは、単に言葉を話さないからといって、獣とみなした人間によく似たさまざまな動物は、実際には、ほんとうの野生人で、ずっと昔に森の中に散り散りになって生き、潜在的な能力を何ひとつ発達させる機会をもたず、いかなる程度の完成に向けた進歩も手に入れておらず、なお自然の原初的状態にとどまっていたのではあるまいか。私が何をいいたいのか、具体例をあげることにしよう。

『旅行記叢書』の翻訳者は、次のように述べている。「人類とヒヒ属の中間に位置するといってよいような、東インドで『オラン・ウータン』〔マレー語で「森の人間」を意味する〕と呼ばれている大型の動物が、コンゴ王国ではたくさん見つかる。バッテル（Andrew Battel（一五六五頃―一六四〇年頃）。英国の旅行家）が語ったところによれば、ロアンゴ王国のマヨンバの森には二種類の怪物がいて、大型の方は『ポンゴ』と、小型の方は『エンジョコ』と呼ばれている。ポンゴは人間とそっくりだけれども、ずっと太っていて、身長もとても高い。人間の顔をもちながら、目はかなりくぼんでいる。かなり長い眉毛があるものの、手、頰、耳には体毛がない。身体のほかの部分はほぼ毛に被われているけれども、体毛はそれほど濃くはなく、色は褐色である。結局、ポンゴと人間を区別させる唯一の部位は足で、ポンゴにはふくらはぎがない。手で首の毛をつかみながらまっすぐ歩く。隠れ家は森の中にあり、木の上で眠る。屋根のようなものをつくって、身体が雨にぬれないようにしている。野生の果実や木の実を食料とする。肉は決して食べない。森を通り抜ける黒人たちには、夜の間、火を焚いたままにしておく習慣がある。黒人たちによれば、朝、自分たちが出発した後、こんどはポンゴたちが火を囲み、火が消えてしまうと、ようやくその場を立ち去っていくのだという。というのも、かなり器用だとはいっても、木をくべて火を絶やさないようにするだけの分別がポンゴたちにはないからである。

ポンゴたちは、ときに群れをなして歩き、森を通り抜ける黒人たちを殺してしまうことがある。ポンゴたちが住んでいる場所まで草を食べにきた象たちとばったり出くわすこともある。拳骨やこん棒でさんざんひどい目にあわせるものだから、象たちは悲鳴をあげながら逃げるしかない。〔雄の〕ポンゴが生け捕りにされることは決してない。とても頑強なので、十人がかりでもつかまえることなどできないだろう。しかし、黒人たちは、ポンゴの母親を殺したあとで、その亡骸に強くしがみついている子供たちをたくさんつかまえている。この動物の誰かが死ぬと、ほかの者たちは枝や葉を集めて亡骸を被う。バッテルと会話を交わして本人の口から学んだこととしてパーチャス〔Samuel Purchas（一五七五頃―一六二六年)。多くの旅行記を編纂・出版したイギリスの出版業者〕が付け加えていることによれば、一匹のポンゴが連れの黒人の子供をさらっていったのだが、この子供はこの動物の社会で一ヵ月も過ごしたということである。というのも、この黒人の子供が目の当たりにしたように、ポンゴたちは人間たちとふいに出くわしたとしても、人間たちがにらみつけたりしなければ、少しも危害を加えたりしないからである。バッテルは、もう一種類の怪物〔エンジョコ〕については、何も書いていない。

ダッペル〔Olfert Dapper(一六三六―八九年)。オランダの地理学者〕の証言によれば、インドでは森の住民を意味するオラン・ウータンと呼ばれ、アフリカの人たちがコジャ・モロ〔Quojas-Morros〕と呼んでいるこれらの動物が、コンゴ王国にはたくさんいるそうである。ダッペルによれば、この獣はあまりにも人間と似ているので、人間の女性と雄のサルの間にできたのかもしれないと考えた旅行者が何人もいた。しかし、それは黒人たちでさえ退ける妄想である。この動物の一頭がコンゴからオランダへと運ばれ、オラニエ公フレデリック・ヘンドリック〔Frederik Hendrik(一五八四―一六四七年)〕に献上された。三歳の子供と同じくらいの身長で、いささか太り気味だったが、がっしりとしていて均整がとれ、きわめて敏捷活発であった。足は筋肉質で頑強であり、体の前面には体毛がなかったが、背中は黒い体毛で被われていた。一見したところ顔は人間によく似ていたけれども、平たいわし鼻をしていた。耳の形は人類と同じだった。胸には――というのも雌だったからなのだが――ふくらみがあり、へそはへこんでいた。肩はかなりがっしりしていて、手の親指とほかの指ははっきり分かれ、ふくらはぎとかかとには筋肉がついて厚みがあった。しばしば両足で立って歩き、かなり重い荷物をもち上げて運ぶことができた。酒が飲みたくなると、片手で壺の蓋をとり、もう一方の手で底を支えた。飲み終わると、優雅に唇をぬぐった。眠るために横たわると、頭をクッションにのせ、じつに巧みにふとんにくるまった。まるで人間がベッドに寝ているかのようだった。黒人たちは、この動物について不思議な話をしている。人間の女性や娘たちを手中におさめるだけでなく、武装した男性たちにまで攻撃をしかけるのだと、きっぱりいうのである。要するに、古代の人たちのいうサテュロス〔酒と色を好む半人半獣の森の精〕さながらである。メロッラ〔Jerome Merolla.『簡略コンゴ旅行記』（一六九二年）を書いたイタリアの宣教師〕が、狩りに出た黒人たちがときどき男女の野生人をつかまえてくるといっているのは、おそらくこの動物のことである」。

この種の人間の姿形をした動物については、同じく『旅行記叢書』の第三巻でも、「ベッゴ」とか「マンドリル」と呼ばれて語られている〔これはルソーの誤記で、正しい出典は第四巻、二四〇―二四一頁〕。しかし、私たちとしては先に引用した報告に注目することにしよう。この怪物と呼ばれているものについての記述には、人類との著しい一致が見られ、人類との差異は、人間の個体間に認められるものよりもわずかである。話題になっている動物に野生人という名称を執筆者たちが拒んでいることの根拠となる理由など、この一節には少しも見られない。もっとも、この動物が愚かで、言葉を話さないのがその原因であることは容易に推測できる。しかし、人間にとって発声器官が自然にかなったものだったとしても、言葉そのものは自然にかなったものではないことを知っている人たち、完成に向けて自己を改善する能力がどのくらい文明人をその本源的状態から引き上げることができたのかを知っている人たちにとっては、説得力に欠ける理由である。これらの動物についての記述が含まれているのはほんの数行にすぎないことからも、しっかり観察されたわけではないと判断できるし、どのような先入見をもって見られたのかが判断できる。たとえば、これらの動物は怪物と呼ばれている。にもかかわらず、これらの動物が子供を産むことが認められている〔「自然の規則からの逸脱」とみなされる怪物は、交雑種のラバのように不妊であると考える説が十八世紀当時は有力だった〕。あるところで、ポンゴが「森を通り抜ける黒人たちを殺してしまうことがある」とバッテルが述べているかと思えば、別のところで、「ポンゴたちは人間たちとふいに出くわしたとしても、人間たちがにらみつけたりしなければ、少しも危害を加えたりしない」とパーチャスが付け加えている。黒人たちが去ったあと、ポンゴたちは黒人たちが起こした火を囲んで集まり、火が消えてしまうと、ポンゴたちも立ち去る。ここまでが事実である。そこから先は観察者の解釈である。「というのも、かなり器用だとはいっても、木をくべて火を絶やさないようにするだけの分別がポンゴたちにはないからである」。ポンゴが立ち去るのは自分たちの意志ではなく愚かさの結果であるなどということを、バッテルと編纂者のパーチャスはいったいどうやって知ることができたのか、謎解きをしてみたい。ロアンゴのような気候のもとでは、動物たちにとって火はどうしても必要不可欠というわけではない。黒人たちが火を焚くのは、寒さをしのぐためというよりも、むしろ猛獣をおびえさせるためである。したがって、ポンゴたちが、しばらく炎を楽しんだり、十分に身体を温めたりした後で、いつまでも同じ場所にとどまっているのに飽きて、餌を食べにいくのは、きわめて理解しやすいことである。草を食べるのは、肉を食べるよりも時間がかかる。そのうえ、大部分の動物は、人間も例外ではなく、自然本来は怠惰であって、どうしても必要不可欠でなければ、面倒なことは何であれ避けようとする。最後に、器用で力持ちだと賞賛されているポンゴが、仲間を埋葬する術を知っていて、枝で屋根をつくることができるポンゴが、火に燃えさしをくべることができないのは、なんとも奇妙だと思われる。ポンゴにはできないと決めつけたがっている作業をサルがやっているのを、私はこの目で見たことがあるのを覚えている。たしかに当時は、この方面に思いを向けていなかったので、私が咎めている私たちの旅行者たちと同じ過ちを私自身も犯してしまい、実際に火を絶やさないようにするのがサルの望みだったのか、それとも、私が考えるように、単に人間のやることをまねしただけだったのかを、確かめてみるのを怠ったのである。いずれにしても、サルが人間の変種ではないということは、はっきりと証明されている。たんに言葉を話す能力をもたないというだけではなく、とりわけ、人類に特有の性質である、完成に向けて自己を改善するための能力をもっていないからである。ポンゴやオラン・ウータンについて、同じ結論を導き出すような実験が、十分な配慮のもとになされたことがあるとは思われない。もっとも、もしもオラン・ウータンなどが人類に属しているのだとしたら、このうえなく粗野な観察者でさえ、実際に行ってみることでそれを確かめてみることができるような方法がひとつあるはずである。しかし、この実験は一世代だけでは十分ではないということに加えて、この実験を行うのは不可能だと考えなくてはならない。なぜなら、罪を犯さずにこの実験を試みるには、事実を確認するはずの試行に先立ってまず、単なる仮定にすぎないことが真実であると証明されていなければならないだろうからである〔交配実験について、ルソーはビュフォンの『博物誌』でロバを扱った一節にある、白人と黒人の交配について述べられているくだりを参照したようである。なお、十八世紀にベルリン科学アカデミーにおいて人間と類人猿の交配実験が実際に行われたが、すべて失敗に終わっている〕。

性急な、啓発された理性の果実ではない判断は、えてして極端に走るものである。古代の人々が「サテュロス」、「ファウヌス」、「シルヴァヌス」と呼んで神々としたような存在を、私たちの旅行者たちは「ポンゴ」、「マンドリル」、「オラン・ウータン」と呼んで無造作に獣とみなしてしまったのである。おそらく、さらに正確に研究してみたならば、〔一七八二年増補：獣でも神でもなく〕人間であることがわかっただろう。さしあたり、この問題については、教養ある聖職者にして、実際の目撃者でもあり、まったく素朴でありながら、なお才人でもあったメロッラに対してもまた、ダッペル、パーチャス、その他の編纂者たちに対するのと同じ程度の信頼を置くのが妥当だと思われる。

すでに話題にした、「理性を宿しているいかなる徴候も見せず、両手両足を使って歩き、いかなる言語ももたず、人間の声と似たところがまったくない声を出す」という、一六九四年に発見された子供〔原注(3)参照〕についても、この程度の観察者たちであれば、どのような判断を下したに違いないと読者は思われるだろうか。この事実についての情報を提供してくれた哲学者〔コンディヤック〕は次のように説明を続けている。「いくらかの言葉を発することができるようになるまでに、ずいぶんと時間がかかり、その発音の仕方も粗野だった。話ができるようになるとすぐに、連れて来られる前の状態について問われると、ゆりかごの中で私たちに起こったことを私たちが覚えている程度を越えて、この子供が覚えていることなどなかった」。仮に、私たちの旅行者たちの手におちていたとしたら、この子供は不幸にも、言葉を発しないことと愚かであることが注目されて、森に送り返されたか、動物園に入れられたことだろう。その後、旅行者たちは、りっぱな報告書の中で、人間にかなり似たきわめて奇妙な獣として、物知り顔で語ったことだろう。

ここ三、四百年来、ヨーロッパの住民たちが、世界の別の部分に侵入して、たえず新たな旅行記や報告書を公刊しているとはいえ、私が確信しているところでは、人間について私たちはヨーロッパ人のことしか知らない。学識ある人たちの間でさえ、なお消え去っていない滑稽な偏見を見るにつけ、誰もかれもが、人間の研究などという仰々しい名のもとで、ほとんど自分の国の人間たちしか研究していないように思われる。人々がいくら行き来しても無駄で、哲学は旅をしないようである。それぞれの民について研究してみても、それが別の民に当てはまるところはほとんどない。その原因は、少なくとも遠方の国々については明らかである。長距離の旅行をする人といえば、ほとんど四種類しかいない。船乗り、商人、兵士、宣教師である。ところで、最初の三つに分類される人たちの中から優れた観察者が現れるなどということは、ほとんど期待してはならない。第四の分類の人たちについては、自分たちが召された崇高な使命に専念しているので、他の人たちのように偏見に染まってはいないとしても、自分たちが志しているもっと大切な仕事をなおざりにさせるような、純粋に好奇心を満たすことにしか役立ちそうにない研究に自ら進んで身を任せるなどと信じてはならない。そのうえ、福音書について適切に説教するには、熱意だけが必要で、ほかはすべて神が与えてくださる。ところが、人間を研究するには別の才能が必要で、これについては、神は与えることを誰にも約束などされないし、聖人たちも必ずしも分かち持っているわけではない。旅行記を開けば、必ず、現地の人の特徴や習俗についての記述が見いだされる。ところが、まったく驚いてしまう。これほどたくさんのことについて記述している人たちが、誰でもすでに知っていることしかいっていないのである。わざわざ世界のはてまで行ったのに、その気になれば自分の街の外に出なくても気づくようなことしか、見ることができていないのである。ものを見ることをわきまえた目をとらえてはなさない、さまざまな民族を区別するほんとうの特徴を、ほとんど常にとらえ損ねているのである。こうして、哲学者を気取る烏合の衆によって言い古された、りっぱな教訓じみた格言が出てくる。「人間はどこでも同じで、どこでも同じ情念、同じ悪徳をもっている。異なる民の特徴を見きわめようとすることなど、ほとんど無益なのだ」と。これでは、「ピエールとジャックを区別することなどできない、二人とも鼻がひとつ、口がひとつ、目が二つあるのだから」というのとほとんど同じたぐいの議論である。

民が哲学することに加わったりなどしなかった幸福な時代、プラトンやタレスやピュタゴラスのような人たちが夢中になって知りたいという欲望に燃えて、ただ自分が知るためだけにとてつもない長旅を企て、自分の民族の偏見のくびきを払いのけるために、一致と相違によって人間を知ることを学ぶために、特定の時代の特定の国にしか通用しない知識ではなく、あらゆる時代のあらゆる場所で通用する普遍的な知識を、いわば賢者たちに共通の学問を獲得するために遠くへと赴いていた幸福な時代が、再びやってくるのを見ることはできないものだろうか〔旅に関する同趣旨の記述が『エミール』にも見られる〕。あばら屋を写生したり、碑文を解読したり、写し取ったりするために、学者たちや画家たちをひきつれ、大金を費やして、東方へと旅行したり、人に旅行させたりした、なにがしかの物好きな人たちのぜいたくぶりが褒めたたえられている。けれども、私にはどうにも理解できない。いったいどうして、立派な知識について誇らしげに語られるこの世紀に、ひとりは財力に、もうひとりは才能に恵まれ、二人とも栄光を愛して不朽の名声を願い、ひとりは自分の財産から二万エキュを捧げ、もう一人は世界一周の壮大な旅のために人生から十年の時間を捧げて、石や植物ばかりでなく、ときには、人間たちや習俗についても研究するような、家屋を測量したり考察したりすることに何世紀も費やした後で、ついには家屋の住人たちの方を知ろうという考えに至るような、心を一つにした二人の人間を見つけることができないものだろうか〔「けれども、私には」以下の文章は、次の段落の「モンテスキュー」以下の部分とともに、一九六二年六月二十八日にジュネーヴで開催されたルソー生誕二五〇年記念行事でのレヴィ＝ストロース（Claude Lévi-Strauss（一九〇八—二〇〇九年）。フランスの人類学者）の講演「人間学の創始者ルソー」の冒頭で引用されている」。

ヨーロッパ北部とアメリカ南部を見て回ったアカデミー会員たちは、哲学者というよりも、むしろ幾何学者として、それらの地域を視察することを目的としていた。けれども、この人たちは、哲学者でもあり幾何学者でもあったので、ラ・コンダミーヌ〔Charles-Marie de La Condamine（一七〇一—七四年）。フランスの数学者・科学者で、軍人として子午線度測定のためにペルーに派遣され、アマゾン川流域を探検した〕やモーペルテュイ〔一七三六年にアカデミー・フランセーズによるサーミの土地派遣隊長として、地球の形状に関するニュートン説を立証するために子午線の長さを計測した〕のような人たちによって観察され、記述された地域について、まったく未知のものとみなすわけにはいかない。プラトンのように旅した宝石商シャルダン〔Jean Chardin（一六四三—一七一二年）。インドやペルシアを旅行して宝石商として富をなしたフランスの旅行家〕は、ペルシアについていうべきことをいいつくしている。中国については、イエズス会士たちによって、十分に観察されたように思われる。ケンプファー〔Engelbert Kämpfer（一六五一—一七一六年）。オランダ東インド会社の医師として来日したドイツの博物学者。日本では「ケンペル」と表記することも少なくない〕は、日本で見たわずかなことについて、まずまずの観念を与えてくれる。これらの報告を別にすれば、自分たちの頭を満たすことよりも財布を満たすことに関心をもつヨーロッパ人たちばかりが交渉をもったにすぎない東インドの人たちについて、私たちはまるで知らないのである。アフリカ全土と、肌の色についても性質においても独特な、そこに暮らすあまたの住人たちについては、なお検討すべきことが残っている。地球全体は、私たちが名前しか知らない民族で被われている。それなのに、私たちは、人類について判断を下そうとしているのである。モンテスキュー、ビュフォン、ディドロ、デュクロ、ダランベール、コンディヤックのような人たち、あるいは同じような才能をもった人たちが、同胞たちに知識を与えるために旅をし、トルコ、エジプト、バルバリア、モロッコ帝国、ギニア、カフラニア人の国〔東南アフリカ〕、アフリカの内地とその東海岸、マラバール地方〔インド西南端〕、ムガール、ガンジス河両岸、シャム王国、ピグー王国〔ビルマ〕、アヴァ王国〔ビルマ〕、中国、タタール、そして、とりわけ日本について、また、別の半球では、メキシコ、ペルー、チリ、マゼラン海峡周辺、また、ほんものにせよ偽物にせよパタゴニア人たちも忘れず、トゥクマン、可能であればパラグアイ、ブラジル、最後にカライブ、フロリダ、そしてあらゆる未開の地域について、観察し、記述すると仮定してみよう。このような旅こそ、およそあらゆる旅の中でもいちばん重要で、最大の注意を払って行われなければならないであろう旅である。こうした現代のヘラクレスたちが、記念すべき旅路から戻って、自分たちが目にしてきたことについて、道徳的で政治的な博物誌を十分に時間をかけてつむぐと仮定してみよう。そうすれば、そのペンからひとつの新しい世界が飛び出すのを私たちは目の当たりにすることだろう。このようにして私たちは、私たち自身の世界を知る術を学ぶことだろう。このような観察者たちであれば、この動物は人間である、この動物は獣である、というのを信じなければなるまい。けれども、この点について、粗雑な旅行者たちの報告に信頼を寄せるのは、あまりにも愚かであろう。ほかの動物について人間かどうかを決定することに手を染めているこうした旅行者たち本人に、ときどき同じ問いをあてはめてみたいくらいである。

(11)〔六二頁〕これはまったく明白なことだと私には思われる。自然にかなった人間のものだと私たちの哲学者たちが言い張っているありとあらゆる情念が、いったいどのようにして生み出されうるようになったのか、私にはとうてい理解できない。ほかならぬ自然そのものが要求する身体的に必要不可欠なもの以外は、私たちのありとあらゆる欲求は、もっぱら習慣か欲望によって欲求になるのである。ところで、習慣に先立って欲求は欲求ではなかったし、認識できないようなものに欲望を覚えるなどということもなかったはずである。ここから導きだされる結論は、野生人は自分が認識しているものにしか欲望を覚えず、自分の能力が及ぶ範囲で所有できるか、簡単に手に入れられるものしか認識することはないので、野生人の魂ほど安らかなものはほかになにもなく、野生人の精神ほど狭く限られているものはほかになにもない、ということである。

(12)〔六八頁〕　ロック〔John Locke（一六三二―一七〇四年）。英国の哲学者〕の『政治的統治論』〔『統治二論』仏訳版（一七四九年）第二論文、第六章第四―五節（英語原典では、第七章第七九―八〇節）〕に認められる反論は、あまりにももっともらしく見えるので、黙って見すごすわけにはいかない。この哲学者は、次のように述べている。「雄と雌の結合の目的は、単に生殖にとどまるのではなく、種の存続にある。したがって、出産の後も、少なくとも、生まれてきた子供たちを養い、生存させるのに必要不可欠な間は、すなわち、この子供たちが自分たちの欲求を自分自身で満たすことができるようになるまでは、この結合が持続しなければならない。創造主の無限の英知がその御手によって造られたもののうえにうちたてたこの規則を、人間よりも劣った被造物も常にきちんと守っていることがわかる。草食の動物たちにあっては、雄と雌の結合は、そのときそのときの交接行為の間だけのものである。なぜなら、子供たちが自分で草を食むことができるようになるまでの間、栄養源として母乳があれば事足りるのだから、雄は子供をつくるだけで満足し、生きていくために自分の貢献をなにも必要としない雌にも子供にも、以後かかわりをもたない。ところが肉食の獣については、雄と雌の結合はより長い期間にわたって続く。母親と子供が共に食べられるだけの食料を確保するには、母親がとらえた獲物だけでは足りないからである。獲物をつかまえて食べて生きていくには、草を食べて生きることよりも、いっそうの労力が必要で、いっそうの危険がともなう。家族という言葉を使えるとしたら、雄と雌が共同でもうけた家族〔子供〕が生きのびるためには、雄の助けがどうしても必要なのである。この家族が自分で獲物を探しに行けるようになるまでは、雄と雌の世話がなければ、とうてい生きのびることはできない。同じことは、鳥類全体にも当てはまる。いつでも豊富な食料に恵まれた場所にいるために、子供を養うのに雄の世話を必要としないような、いくらかの家禽については例外である。それ以外の鳥については、巣にいるヒナが食べ物を必要としている間は、ヒナが自ら飛んで食料を見つけられるようになるまで、雄と雌が食べ物を巣に運ぶのである。

私の意見では、まさにこの点に、人類において雄と雌が他の被造物たちよりも長期にわたる結合をつくるのを余儀なくされていることの、唯一のとまではいわないまでも、主要な理由がある。すなわち、人間の女性が妊娠する能力からして、先に生まれた子供が両親の助けを必要としなくなり、自分自身で自分の欲求を満たせるようになるよりもはるかに早い段階で、次の子供を身ごもって出産するのがふつうだということである。そのため、父親は自分がつくった子供たちを世話することを強いられる。しかも、この世話は長い期間にわたるので、自分の子供たちを産んだその女性と婚姻して共に暮らし続ける義務を、他の被造物よりも長い期間にわたってこの結合を保つ義務を負うのである。人類以外の被造物にあっては、次の子が生まれてくるまでに、子供たちは自分自身で生きていけるようになるので、雄と雌の絆はおのずから断ち切れ、つがいになるように動物たちをかりたてる時期がやってきて、新しい相手を選ぶように強いられるまでの間、雄も雌もまったく自由になるのである。この点で、現在と同じように将来にも備えるための資質を与えることによって、人間の男女の結合が他の被造物の雄と雌の結合よりも長い期間にわたって継続することを望まれ、実際にそのようにされた造物主の英知は、どれほど賞賛しても足りないくらいであろう。そのようにされた目的とは、夫と妻が協力してもうけた子供たちのために蓄えをして、財産を残してやるために、夫と妻を勤勉にさせ、二人の利害をいっそう強く結びつけることであった。夫婦の結びつきが不安定ではっきりしないものであったり、婚姻がたやすく頻繁に解消されてしまうものであったりすることは、何にもまして、子供たちにとって有害だからである」。

真理への愛から、この反対意見を私は誠実に提示した。その同じ真理への愛が、この反対意見に応えることにはならないとしても、少なくとも問題の所在を明らかにするために、いくらかの指摘を付け加えずにすませるわけにはいかない。

一　まず私が指摘したいのは、道徳〔人為〕にかかわる証拠は身体〔自然〕にかかわる事柄について大きな力をもたないということ、道徳にかかわる証拠は、目の前に現存する事実について説明するのに役立つとしても、こうした事実が本来的に実在することを確認するには役に立たないということである。ここに引用したくだりでロック氏が用いている証拠は、まさにそのような種類のものである。というのも、夫と妻の結合が永続的であることが人類にとって都合がよいのだとしても、だからといって、それが自然によってうちたてられたものだということにはならない。さもなければ、政治社会、技芸、交易、人間たちに有益だと主張されているすべてのものもまた、自然がうちたてたものだということになってしまう。

二　肉食動物たちの方が草食動物たちよりも長期にわたって雄と雌の結合を維持するとか、雌が子供たちを養うのを雄が助けるということを、ロック氏がどこで見つけたのか、私は知らない。このようにいうのは、イヌ、ネコ、クマ、オオカミの方が、ウマ、ヒツジ、ウシ、シカ、そのほかの四本足で歩く動物よりも、いっそうはっきりと自分のものになった雌のことを見分けるなどということがあるのかどうかは、わからないからである。反対に、子供たちの保全をはかるために雄が雌を助けてやることが必要不可欠なのは、とりわけ、もっぱら草を食べて生きている動物の方だと思われる。なぜなら、草を食むのに母親は長い時間を費やすため、その間ずっと子供をほったらかしにしておかざるをえないからである。ところが、クマやオオカミの雌は獲物をたちまち貪り食らうので、草食動物よりもたっぷり時間をかけて子供たちに乳を与えても、飢えに苦しむことがない。この議論は、注（8）で言及した、肉食の動物種と果食の動物種を区別する指標となる、乳房と子供との相対的な数に関する観察によって確認されることである。もし、この観察が正しく、一般的に通用するならば、人間の女性は二つしか乳房をもたず、たいていは一度にひとりしか子供を産まないので、これはまさしく、人間が自然本性からして肉食であることを疑わせる、このうえなく強固な理由になる。したがって、ロック氏の下した結論を引き出すには、ロック氏の議論をすっかり逆転しなければならないように思われる。肉食と草食について同様の区別を鳥類にあてはめてみても、議論は同じように確かなものとはいえない。というのも、キジバトよりもハゲワシやカラスの方が、雄と雌の結合がいっそう長続きすると確信をもてる人がいるものだろうか。この著述家の体系と正反対の事例を提供してくれる、アヒルとハトという二種類の家禽を私たちは飼っているではないか。穀物だけを食べて生きているハトは、雌との結合を保って、雄と雌が協力してヒナたちを養っている。がつがつ食べることで知られるアヒルの雄は、雌もヒナもどちらも自分のものとは認めず、生存を助けるようなことは何もしない。同じように肉食種であるニワトリについても、雄鳥がヒナを助けることなど、ほとんどまったく見られない。ほかの種類の鳥について、雄が雌を助けてヒナを育てるのは、ヒナがはじめのうちは飛ぶことができず、母鳥が乳をやることもできないので、少なくともしばらくの間は、母親の乳だけで十分な四足動物よりもずっと、父親の助けに依存するところが大きいからである。

三　ロック氏の議論全体の基盤になっている原理には、不確かなところが多い。なぜなら、ロック氏が主張しているように、純粋な自然状態において、先に産んだ子供が自分自身で欲求を満たせるようになるよりずっと前に、人間の女性のお腹が大きくなって次の子供を産むのが一般的であるというのがほんとうかどうかを知るためには、いくつもの実験が必要だからである。しかるに、ロック氏がこの実験をしていないのは確かで、この実験は誰にとっても手の届かないものである。夫と妻がたえず一緒に暮らしていることが、新たな妊娠を招く絶好の機会となる。ところで、純粋な自然状態において、偶然の出会いや単なる肉体的欲望に基づいた衝動が、婚姻による結合と同じくらいの頻度で効果をもたらすなどとは、とうてい信じられない。前の妊娠からの間隔がゆったりとしていることは、おそらくは子供たちをよりいっそう頑強にすることに貢献しただろうし、さらに若い頃に妊娠する能力をあまり濫用しなかった女性たちについては、妊娠能力をより後にまで延長することで埋め合わせができただろう。子供たちについていえば、その力と身体器官の発達が、私がここで話題にしている原初的状態に見られるよりも、私たちのもとでの方が、ずっとゆっくりであることを信じる理由がたくさんある。私たちのもとでは、両親のなりたちを子供たちが受けついで、生まれながらに身体が弱いこと、子供たちの手足をつつんで自由に動けなくするようにわざわざ配慮していること、育て方が甘いこと、おそらくは実の母のものではない乳〔乳母の乳〕を与えること、こうしたことすべてが、子供たちの自然に由来する初期の進歩を妨げ、遅らせるのである。たえず子供たちの注意力を無数のことがらに固定するように強制しておきながら、身体の力を鍛練することをまったく怠っていることも、子供たちの成長の筋道を大いにねじ曲げているように思われる。したがって、無数のことを詰め込んで子供たちの精神をくたびれさせるようなことはせずに、自然が子供たちに要求しているように見える、たえざる運動をさせて、身体を鍛練させておくならば、子供たちははるかに早い段階で、歩き、行動し、自分自身で欲求を満たせるようになると考えられるのである〔世間で行われている教育に対する同様の批判が、『エミール』第一編にも見られる〕。

四　最後に、ロック氏は、せいぜいのところ、女性が子供をもうけたときに男性が女性のそばから離れずにいる動機がありうることを証明したにすぎない。出産を待たずに、妊娠中の九ヵ月の間に、男性が女性から離れずにいなければならないことを証明したわけではまったくない。この九ヵ月の間、男性にとってなんの関心もなかったような女性を、まして見知らぬ人となってしまったような女性であればなおさら、男性が出産の後も助ける理由があるだろうか。自分の子供であることすら知らず、生まれてくることに自ら決定を下したわけでも待ちわびたわけでもないような子供を育てるのに、手を貸す理由があるだろうか。ロック氏は明らかに、まさに問題になっていることを前提として仮定してしまっているのである。というのも、問題の焦点は、出産の後で男性が女性から離れずにいるのはなぜなのかを知ることではなく、妊娠の後で女性に愛着をもつのはなぜかを知ることだからである。欲望を満足させてしまえば、男性はもはやその女性を必要としないし、女性もその男性を必要としない。男性は、行為がどのような結果をもたらすのか、ほんのささいな観念ももちはしないし、いささかも気がかりに思いはしない。二人は別々の方向へと立ち去り、九ヵ月の後には、互いに知り合いであったという記憶さえないように思われる。生殖行為のために、ある個人がある個人を選り好みするようにさせるこの種の記憶が生じるには、本論で私が証明したように、ここで問題にしている動物的な状態にあって人間がもちうると想定される以上に、人間の理解力にいっそうの進歩が、あるいはいっそうの堕落がなければならないからである。別の女性でも、前に知った女性と同じようにたやすく、男性の新たな欲望を満足させることができる。これは疑ってみるのが理性にかなった想定ではあるけれども、もし女性が妊娠中にも同じ性欲にかられるのだとすれば、別の男性でも同じように女性を満足させることができる。自然状態において、子供を身ごもったあとで、女性が恋愛の情念をもはや感じないのだとすれば、そのことは男性との結合にとってさらに大きな障害となる。なぜなら、その場合、女性は自分をはらませた男性も、ほかのいかなる男性も、もはや必要としないからである。すると、男性が同じ女性をわざわざ求める理由は何もない。女性が同じ男性を求める理由も何もない。こうしてロックの議論は破綻する。この哲学者のあらゆる論理をもってしても、ホッブズや他の人たちが犯した過ちから逃れることはできなかったのである。ロックも、ホッブズも他の人たちも、自然状態における事実を、すなわち、人間たちが孤立して生活し、特定の人間が特定の人間のかたわらにとどまるいかなる動機ももたないような状態における事実を、さらにやっかいなことであるけれども、おそらくは人間たちが互いにかたわらにとどまるいかなる動機もないような状態における事実を、説明しなければならなかった。しかし、ロックも、ホッブズも他の人たちも、社会が存在してからの何世紀にもわたる時間をさかのぼること、すなわち、人間たちが互いにそばにとどまる理由を常にもち、特定の男性が、特定の男性のかたわらに、あるいは特定の女性のかたわらにとどまる理由をしばしばもつようになった時間を、さかのぼることなど、考えもしなかったのである。

(13)〔六九頁〕諸言語の創設がどのような利点と不都合を招いたのかという問題については、哲学的な省察がなされなければならないだろうけれども、きっぱりと、それには手を染めないことにしたい。私などが通俗的な誤謬を攻撃することは許してもらえないだろうし、文人たちはあまりにも自分の偏見を尊重しているので、私のいうことを逆説などと呼んで、しんぼう強く耳を傾けてくれないだろう。そこで、ときに多数派の意見と正反対の議論を述べても、とがめられることがなかった人たちに語ってもらうことにしよう。「有害で混乱を招く言語の多様性を追い払い、ありとあらゆることがらをサインやジェスチャーによって互いに伝え合うことができるような、ただ一つの画一的な技術を洗練させようと人間たちが努めたとしても、人類の幸福から奪われるものは何もないだろう。現状では、野蛮とされる獣たちの方が、この点については私たち人間よりもはるかに好ましい状態にあるように思われる。獣たちは、私たちよりも、いっそうすばやく、おそらくいっそう正確に、己の感情と思考を知らせることができるのではないだろうか。通訳をまったく必要としない点は、人間たちよりも有利ではなかろうか。とりわけ、人間たちが外国語を用いる場合には、そうであろう」〔原文ラテン語〕。イサーク・フォシウス〔Isaac Vossius（一六一八―八九年）。スウェーデンのクリスティーナ女王（在位一六三二―五四年）などに仕えたオランダのライデン出身の知識人〕『歌謡と韻律について』〔（オックスフォード、一六七三年）六五―〕六六頁〔同書への参照は、ルソーの『音楽事典』の項目「音楽」と「リズム」にも見られる〕。

(14)〔七五頁〕プラトンが、このうえなくささいな技芸にあってさえ、離散量とそれらがもつ諸々の関係についての観念が、いかに必要不可欠であるかを示しながら、「パラメデス〔発明の天才として描かれるホメロス『イリアス』の登場人物〕がトロイア包囲戦のときに数というものを発明したのだ」などと主張していた同時代の著述家たちを、それではまるで、アガメムノン〔トロイア戦争時のギリシアの総大将〕は、そのときまで自分が何本の足をもっているのか知らなかったかのようではないか、とからかっているのは理にかなっている〔『国家』第七巻、五二二C―E〕。なぜなら、人間たちが数や計算を用いていたのでなかったとしたら、トロイア包囲戦の時代に、すでに社会や技芸が到達していたところまで達することなど不可能だったと考えられるからである。しかし他の知識を獲得するのに先立って数を認識する必要があるといっても、だからといって数を発明しようという考えに及ぶことじたいがたやすくなるわけではない。数の名称が一度知られてしまえば、その意味を説明したり、これらの名称が表している観念をかきたてたりするのはたやすい。しかし、数を発明するためには、数の観念そのものを理解するのに先立って、いわば哲学的瞑想に慣れ親しみ、ほかのあらゆる知覚から独立してただ本質によってのみ諸々の存在を考察する訓練をしていなければならない。この抽象化は、実に骨のおれるものであり、実に形而上学的であり、実に自然からへだたりがある。しかし、この抽象化なしには、数の観念がひとつの種類のものから別の種類のものへと転用されることは決してありえず、数が普遍的なものになることも決してありえなかったのである。未開人は自分の右足と左足を別々に考えることもあったろうし、両足を一対とするひとまとまりの観念のもとでながめることもあっただろうけれども、決して、自分が二本の足をもっていると考えることはなかった。なぜなら、ある対象を私たちに描いてみせる表象的観念と、この対象をはかる数の観念は、別のものだからである。未開人は五つまで数えることも、とうていできなかっただろう。自分の両手を合わせれば指がぴったり重なるのに気づくことはあったかもしれない。しかし、指の数が同じであることなど、考えもつかなかっただろう。髪が何本あるかなど数えることができないのと同じように、指の数を数えることはできなかった。数とは何であるのかを理解させた後に、足にも手と同じ数の指があるのだと教えてやったならば、手と足を比べてそれがほんとうだとわかると、とても驚いたことだろう。

(15)　〔七九頁〕利己愛と自己愛を混同してはならない。この二つの情念は、その自然本性についても、それがもたらす結果についても、まったく異なっている。自己愛は自然にかなった感情で、ありとあらゆる動物に己自身の保全〔生存〕に配慮させる。人間にあっては、自己愛は理性に導かれ、憐れみの情によって変化させられて、人類愛と美徳を生み出す。利己愛は社会の中で生まれる相対的で人為的な感情にほかならず、誰もが他のすべての人たちよりも己のことを大切にするようにさせる。人間たちが互いになしているありとあらゆる悪は、この利己愛にそそのかされたものである。そして、利己愛は、名誉のほんとうの源泉でもある。

以上のことをしっかりとふまえたうえで、私たち人間の原初的状態、すなわち、ほんとうの自然状態においては、利己愛は存在しない、と私はいおう。なぜなら、ひとりひとりの人間はみな、自分だけが、自分のことに注意を向ける唯一の観察者、自分のことに関心をもつ世界で唯一の存在、自分自身の価値について判断を下す唯一の者であると考えるので、他人と自分の比較に源泉をもつ感情が、この状態の人間の魂に芽生えることはありえないからである。この状態の人間には、比較は手の届かない操作である。まったく同じ理由によって、この人間が憎しみや復讐心を抱くこともありえまい。これらの情念が生まれてくるのは、もっぱら、自分が他人から侮辱を受けたという考えからである。侮辱をなりたたせるのは、害悪そのものではなく、相手を害そうとする意図か軽蔑である。それゆえ、互いに評価を下し合ったり、自分と他人を比較し合ったりする術を知らない人間たちは、それがなんらかの利益を自分にもたらす場合には、互いにかなりの暴力に訴えることはありうるかもしれないけれども、互いに侮辱し合うなどということは決してありえないのである。要するに、それぞれの人間は、他の種の動物を見るのと同じようにしか、自分の同類たちについても見ることがほとんどないので、弱い方の獲物を奪ったり、強い方に自分の獲物を譲ったりすることはありうるとしても、こうした略奪を自然にかなった出来事としか考えず、慢心や恨みの感情をいささかも抱くこともなく、首尾がよければ喜び、やられたときには苦痛を感じるだけで、ほかの情念を抱いたりはしないのである。

(16)〔一〇六頁〕　きわめて注目すべきことに、かなり前からヨーロッパの人たちは、世界各地の未開人たちを連れてきて、自分たちと同じ生活の仕方に慣れさせようとさんざん苦労しているというのに、ただのひとりとしてうまくいった例を見ることはできない。キリスト教を利用してもなお、うまくいかないままである。このようにいうのも、宣教師たちはときに未開人たちをキリスト教徒にしているけれども、決して文明化された人間にはしていないからである。私たちの習俗を受け入れて、私たちと同じように生活することに対して未開人たちが抱く、抑えがたい嫌悪感は、何をもってしても乗り越えられない。この哀れな未開人たちが、人々が言い張るようにひどく不幸であるならば、いったいどれほど判断力が歪められたら、私たちにならって自らを文明化して、私たちとともに幸せに生きることを学ぶのをかたくなに拒否し続けるものなのか、思いも及ばないではないか。ところが、フランス人たち、あるいはほかのヨーロッパの人たちが、こうした民族のもとに自ら望んで逃れていって、実に奇妙に見える生活の仕方を捨てられなくなってしまい、そこで生涯を送ったとか、分別のある宣教師たちでさえも、これほどまでに軽蔑されている民のもとで過ごした平穏で純真無垢な日々を、感慨を込めて懐かしんでいるといった記述が、無数の書物の中に見いだされるのである。未開人たちは自分たちの境遇と私たちの境遇について、健全に判断するための十分な知識をもっていないのだと反論する人がいるとすれば、幸福の評価は理性よりも感情にかかわるものだと私は切り返すだろう。そのうえ、先の反論を逆手にとれば、私たち〔文明化された人間たち〕に対するさらに強力な反駁となりうる。なぜなら、未開人たちが自分たちの生活の仕方に対してもつ好みについて理解するために必要となるであろう精神状態と私たちの観念との間には、未開人たちに私たちの生活の仕方を理解させるために必要となるであろう精神状態と未開人たちの観念との間にあるへだたりよりもさらに大きなへだたりがあるからである。実際、少しばかり観察してみれば、私たちがあくせくやっていることのすべては、たった二つの目的に向かっていることを、未開人たちはたやすく見てとることだろう。すなわち、自分が便利な生活を送ることと、ほかの人たちから尊重されることである。ところが、たったひとりで森の中で暮らしたり、釣りをしたり、まともな音ひとつ出すことも決してできないのに、練習しようとさえせずに粗末な笛を吹いているとき、未開人がどのような快楽を覚えているのかを想像するために、いったい私たちにはどのような手段があるというのだろうか。

未開人たちがパリ、ロンドン、そのほかの都市に連れてこられたことは何度もある。私たちのぜいたくな品、富、このうえなく有益で好奇心をそそるありとあらゆる技芸をならべたててみせた。どれもこれも、未開人たちをびっくり仰天させただけで、うらやましいという気持ちはひとかけらもかきたてることなどなかった。中でも特に私が覚えているのは、三十年ほど前にイギリスの宮廷に連れてこられた北アメリカ人たちの部族長についての記録である。無数の品々を目の前にならべて、何か気に入ったものを贈り物にしようとしたけれども、気にとまったように見えるものは何一つなかった。私たちの武器は重すぎて不便なようだった。私たちの靴を履けば足が痛くなった。私たちの服を着ると邪魔くさい。何もいらないという。最後に、ウールの毛布を手にとり、肩にかけて喜んでいるように見えた。「少なくとも、この寝具が役に立つことは認めていただけますね」と声をかけると、「ええ、これは獣の皮とほとんど同じくらいよいもののようです」と部族長は答えた。けれども雨の降っているところで両方をためしてみたら、そうはいわなかったであろう〔この話は、プレヴォの『賛否両論』（一七三四年）、フランスの旅行家ラ・オンタン（Louis Armand de Lom d'Arce, baron de La Hontan（一六六六―一七一六年）の『奇妙な対話』（一七〇四年）で触れられている〕。

「それぞれに自分の生活の仕方に愛着をもたせる習慣のために、未開人たちは私たちの生活の仕方にあるよいところを感じられないのだ」と私に反論する人が、おそらくいることだろう。このような論拠にのると、習慣というものが、ヨーロッパの人たちに至上の幸福を楽しませる以上に、未開人たちに惨めな生活を好ましくさせることに、いっそう強く働きかけているなどという、とてもおかしな話になってしまうに違いない。このような反論に対して、まったく反駁の余地を与えないように応じるために、文明化しようとさんざん努力しても無駄だった若い未開人たちを引き合いに出す必要はまったくない。デンマークで養い育てようと試みたものの、例外なく悲しみや絶望から、やつれて死んでしまったり、自分の国に泳いで帰ろうとして海で溺れて死んでしまったりした、グリーンランドやアイスランドの人たちのことを語る必要もない。十分に検証された実例をひとつだけ引用するにとどめよう。これをヨーロッパの文明社会を賞賛する人たちに検討してみてもらいたい。

「喜望峰にいたオランダの宣教者たちは、ありとあらゆる努力をつくしても、コイコイ人をひとりとして改宗させることができなかった。ケープタウンの総督ファン・デル・ステル〔Simon van der Stel（一六三九―一七一二年）〕は、ひとりのコイコイ人を子供の頃から引き取り、キリスト教の原理に基づいて、ヨーロッパの慣習に従って育てさせた。立派な服装をさせ、いくつもの言語を学ばせた。その進歩は、教育に費やされた配慮に十分見合うものだった。その才知に大いに希望をもった総督は、この人をインドに送った。同行した東インド会社の重役は、この人を重用して会社の仕事に従事させた。この重役が亡くなると、この人はケープタウンに戻ってきた。戻ってからさほど日を置かずに、親類のコイコイ人たちを訪ねると、心に決めたのだった。ヨーロッパ風の装いを脱ぎ捨て、羊の毛皮を身につけよう、と。それまで着ていたものを入れた包みをかついで、新たな身づくろいで要塞に戻ると、総督に洋服を返して、次のように述べたのだった。『閣下、これからは私がこのような装いをすることは決してございませんことを、お許しください。生涯、キリスト教も捨てます。ご先祖さまたちの宗教、作法、慣習に従って生き、死ぬ決心をしました。ただひとつお願いいたします。いま身につけている首飾りと短剣は、このまま私にお譲りください。閣下への愛情の印として、手元においておきたいのです』。すると、たちまち、ファン・デル・ステルの答えも聞かずに姿を消した。その後、ケープタウンでこの人を再び見ることは決してなかった」。『旅行記叢書』第五巻、一七五頁〔引用されているのは、ペーター・コルベン『喜望峰地誌』をもとに叢書の編者プレヴォが整理したテクストであり、ヌーシャテル図書館所蔵のルソーの読書ノート（MsR 18）に当該箇所が書き取られている。ルソーは『人間不平等起源論』初版の口絵に、この話を題材にした銅版画を選んだ〕。

(17)〔一一四頁〕「このような無秩序の中にあって、人間たちは、しつこく殺し合ったりせず、散り散りになってしまったことだろう。四散することに何かしら限界があるとでもいうのであれば話は別だが」などと、私に反論する人がいるかもしれない。しかし、そもそもそうした限界とは、せいぜい世界の果てということでしかなかった。そして、自然状態がもたらす増えすぎた人口について考えるなら、自然状態にあってそう時を経ずに大地は人間たちによって被われてしまい、そのため人間たちは寄り集まって暮らすよりほかなくなってしまうのだと判断されることだろう。さらに、もし不幸が突然やってきて、たちまちのうちに変化が起こったのであれば、人間たちは散り散りになったかもしれない。けれども、人間たちはくびきをつけて生まれてきたのである。くびきの重さを感じ取る頃には、くびきをつけていることにすっかり慣れてしまい、くびきを払いのける機会を待ちわびることに甘んじていたのである。最後に、寄り集まっていることを人間たちに強いる無数の便宜に慣れきってしまって、原初の時代のように散り散りになるのはたやすいことではなくなっていた。原初の時代には、誰でも必要とするのは自分自身だけだったから、他人の同意を待つまでもなく、自分のことを自分で決めることができたのである。

(18)〔一一七頁〕Ｖ元帥〔ヴィラール公爵（Louis-Hector, duc de Villars）（一六五三―一七三四年）のこと〕が語ったところによれば、ある遠征のとき、食料を請け負った者が巧妙に詐欺をはたらくのが目にあまって、軍が空腹に苦しみ、不平が出たので、厳しく叱りつけ、絞首刑に処すと脅した。「そんなふうに脅してもむだですよ」と、詐欺師は大胆不敵に答えた。「喜んで申し上げますが、一〇万エキュもの金を自由にできる男は、絞首刑になったりしませんよ」。元帥は率直に付け加えている。どうしてそのようなことが起こるのか、まったくわからない。実際、この詐欺師は、百度でも絞首刑にしてやっていいほどの罪を犯していたにもかかわらず、絞首刑にはならなかったのである、と〔この記述の出典は不明〕。

(19)〔一三五頁〕仮に配分的正義が政治社会において実現可能だったとしても、それは自然状態の絶対的な平等とは対立することもあっただろう。国家のすべての構成員は、それぞれの才能と能力に応じて国家に奉仕しなければならないのだから、市民たちもまた、それぞれの奉仕に応じて表彰され、優遇されなければならない。すべての市民にわけへだてなく同じ報酬を分かち与えるという平等と、ひとりひとりの功績に応じて報酬を配分するという平等の、二種類の平等のうち、どちらの平等がよりいっそう有益なのかを見きわめることができた初期のアテナイ人たちを賞賛した一節で、イソクラテス〔前四三六―三三八年。ギリシアの雄弁家・散文作家〕が述べていることは、まさにこの意味で理解されなければならない。この雄弁家は、さらに次のように続ける。「この有能な政治家たちは、悪人と正義の人の間にいかなる区別も設けない不当な平等を排することによって、ひとりひとりの功績に応じて報いたり、罰したりする平等を不可侵のものとして大切にしたのである。しかし、まずなによりも、どれほど腐敗が進んでしまっていようとも、悪人と善人をまったく区別しないような社会は、いまだかつて存在したことがない。そして、品行方正の問題については、規則として為政者が役立てられるほどの精度で評価することなど法律にはできないのだから、市民たちの身分と地位が為政者の意のままになることがないように、為政者が人格について判断することを法律が禁じて、行為について判断することだけを許したのは、きわめて賢明である。ケンソル〔品行の悪い元老院議員などの地位を奪う権限をもつ古代ローマの高官〕の審判に耐えうるほど清らかな品性は、古代のローマ人たちにしかない。このような法廷があったならば、私たちのところにあるすべてのものを、たちまちひっくり返してしまったことだろう。悪人と善人の間に区別を設けるのは、公の尊敬の権限である。為政者は、厳格な法《ドロワ》の判定者にほかならない。この点については、公明正大で、啓発されてさえいる判定者であって、ときにだまされることはあっても、腐敗させられることは決してない。したがって、市民たちの地位は、人格的な価値によって定められてはならない。それでは、法律《ロワ》をほとんど恣意的に適用する方法を為政者に与えてしまうことになるからである。そこで、市民たちの地位は、よりいっそう正確な評価を期待できる、国家のために市民たちがなす実際の奉仕によって定められるべきである」〔イソクラテス『アレイオス・パゴス会演説』二一―二二〕。

戦争法原理

法や道徳について書かれた本を開き、学識のある人たちや法学者たちの言葉に耳をかたむけてみる。人の注目を引くそうした議論を知れば知るほど、自然の悲惨さを嘆き、社会秩序によってうちたてられた平和と正義を讃え、政治制度に由来する智恵を祝福して、自分が市民となっていることが、人間であることの慰めとなる。[*1] 自分に課された義務と自分の幸せとを知って、本を閉じ、学校を出て、あたりを見わたしてみる。目に映るのは、鉄のくびきにあえいでいる不運な民、ほんの一握りの圧制者たちのために踏みつぶされている人類、苦しみにうちひしがれ、飢えた群衆の姿である。裕福な人々は、貧しい大多数の人々の血と涙を平然と飲んでいる。いたるところで、強者たちは弱者たちに対して、法律というあやしげな力で武装しているのである。こうしたことすべては、音ひとつたてることもなく、抵抗もなしになされている。まさに、貪り食われるまでの間、一つ目巨人《キュクロプス》の洞窟に閉じ込められていたユリシーズの部下たちの静けさである。[*2] うめきながらも声を出してはならない。この恐ろしい事柄を覆っている永遠のヴェールを取り除こう。顔をあげて、遠くを見つめてみる。松《たい》明《まつ》の炎、人のいない田園、略奪された村が見える。残忍な人たちよ、この不運な人たちをどこへ連れていこうというのか。恐ろしい物音が聞こえる。なんという喧騒、なんという叫び声。虐殺の現場を、一万もの人々が喉を掻き切られているのを見る。引き裂かれた死者たちが積み重ねられ、息絶え絶えの人たちを馬で踏みつぶしている。そう、これが平和な制度とやらの果実である。心の底から、憐れみの情と憤りがこみあげてくる。ああ、野蛮な哲学者よ、戦場に来て、己の本を読み聞かせてみるがよい。

＊1　ルソーは、しばしば自然がつくったままの「人間」と、人為的な政治制度の中で生きる「市民」がまったく異なった存在であると主張する。

＊2　ホメロス『オデュッセイア』第九巻。オデュッセウス〔ユリシーズ〕と十二人の部下は、上陸した島の海岸に食料でいっぱいの洞窟を見つける。しばらくして戻ってきた洞窟の主、一つ目巨人を見た一行は、洞窟のすみで息をひそめていたが、見つかってしまう。岩で出口をふさいだ巨人は、侵入者たちを食べてしまう。『社会契約論』第一編第四章でも、この一節が参照されている。

このかわいそうな人たちに、心を奥底から動かされない人がいるものだろうか。しかし、もはや、人間らしくあることも、人類愛を弁護することも、許されはしない。正義と真理はもっとも強い者たちの利害に屈しないわけにはいかない、それが規則というものである。民は、年金も働き口も役職も教授職もアカデミー会員の席も与えてはくれない。だから、誰が民を守ろうなどとするだろう。すべてのことを期待できる寛大な君主たちよ、私は文壇の名において語る。好きなように良心のとがめもなく民を抑圧するがよい。あなたがただけにすべてのことを期待できるのであって、民は決してなんの役にも立ちはしない。

こんなにも弱々しい声が、どうやって金にまみれた怒号を貫いて聞いてもらえるなどと期待できよう。ああ、口をつぐむべきなのだ。しかし、これほどまでに悲しい沈黙を、この心からの声が貫けないなどということがあるだろうか。そう、世間では諷刺と受け取られるような細々とした忌まわしいこと、世間が諷刺と受け取るということだけをもってしても、実はそれが真実だとわかる細々とした忌まわしいことには触れずにおこう。これまでいつもそうしてきたように、人間が確立したものをその原理によって検討し、可能であれば欲得ずくの著述家たちが与える間違った観念をただし、せめて不正と暴力が臆面もなく法律や公正を僭称しないようにすることで満足しよう。

人類が置かれた状況を考察してみて最初に気をとめたのは、そのなりたちにはっきりと見てとれる矛盾があるため、つねにぐらぐら揺れ動いているということである。人間対人間の関係としては、私たちは社会状態に生きており、法律に服従している。ある国の民と別の国の民の関係としては、各々が自然にかなった自由を享受している。まさにこのために、そのような区別がなかった頃に比べて、私たちの置かれた状況は悪くなっているのである。というのも、同時に社会の秩序と自然状態の双方の中で生きることによって、私たちはこの二つの状態の双方の不都合に屈せざるをえなくなり、どちらの状態の安全も見いだせなくなっているからである。実際、社会の秩序の完成は、権力と法律の協力にある。とはいえ、法律が権力を導くのでなければならない。君主の絶対的な独立という観念のもとで、もっぱら権力が、市民たちに対しては法律の名で語り、外国人たちに対しては国家の理屈で語り、そのようにして市民たちからは抵抗する権限を、外国人たちからは抵抗しようとする意志を奪い、そうして正義というものがいたるところで暴力に対する監視としてしか役に立たない虚しい名辞になってしまう、ということであってはならない。一般に万民法《ロワ》と呼ばれているものについていえば、たしかに、制裁をもたないために、この法は自然法よりもさらに弱い空想の産物になっている。少なくとも自然法は各個人の心に語りかけるのに対して、万民法はそれに従う者にとっての効用しか保証となるものがないので、この法が定めることは利害心によって確信される場合にしか尊重されないのである。私たちが置かれた中途半端な境遇には二つの体系があり、その一方を優先させ、過剰に重んじたり軽んじたりすることによって、私たちはおよそありうる最悪の状態に置かれているのである。これが、国家にふりかかる災禍のほんとうの起源であると私には思われる。

このような考え方を、しばらくホッブズの恐ろしい体系と対比してみることにしよう。ホッブズの主張とは正反対に、戦争状態は人間にとって自然にかなったものなどではまったくなく、戦争は平和から生まれたということ、少なくとも、長続きする平和を確実なものにしようと人々がとった用心から戦争が生まれたのだということがわかるだろう。この議論に入る前に、まずは戦争状態という語によってもつべき観念を定めるように努めてみよう。

戦争状態とは何か

戦争と平和という二つの語はまぎれもなく相関しているように見えるけれども、平和という語ははるかに広い意味を含んでいる。戦争にまでならなくても、実にさまざまな形で平和を途切れさせたり乱したりすることが可能だからである。平穏、和合、相互的な好意と愛着にかかわるあらゆる観念が、この平和という心地よい語には含まれているように思われる。

平和という語は、私たち自身の存在と他者の存在を同時に愛させる十全な感情を魂にもたらす。この語が指し示すのは、世界の体系の中で存在者を結びつけている絆である。この語のもつ広がりは、まさに神の精神そのものである。いかなる存在者も神を害することなどできないし、自らが創造したあらゆる存在者が保全されることを神は望んでおられる。

この世界のなりたちは、世界を構成しているものを感じることのできるすべての存在者が互いの幸福のために一致協力することを許してくれない。むしろ、ある者の安寧が別の者に悪をなすため、自然法《ロワ》に従ってそれぞれが自らを優先させて、他人を犠牲にしてでも自らの利益を求めるので、苦しんでいる者の立場から見れば、平和はたちまち乱されてしまうのである。したがって、自分につきまとう不幸〔悪〕を避けるのが自然にかなったことであるばかりでなく、この不幸が他人の悪意に基づいていることを、知性をもつ存在者が知ったときには、憤りを覚えて、自分に不幸をもたらした人に仕返ししようとする。ここから、戦争とはいわないまでも、不和、諍い、時には争いが生じてくる。

ついに、自らを保全しようとする配慮が、単に他人の安寧と両立できないだけでなく、他人の存在そのものとさえ両立できないことを理性に恵まれた者が確信するにいたると、自らを保全しようと努めるのと同じ熱意で、そしてまさに自らを保全するという理由そのものによって、相手の命を狙って武装し、相手を滅ぼそうとすることになる。自らの存在の安全と、脅威となっている存在とが両立できないと感じている人が、相手から攻撃を受ければ、死力を尽くして自らの命を狙った者の命に反撃を加える。互いに相手を滅ぼそうとする明白な意志と、その意志から生まれるあらゆる行動が、敵対する者たちの間に戦争と呼ばれる関係を生じさせるのである。

　したがって、戦争とは一度や数度の突発的な争いではなく、怒りに任せてなされた殺人や殺害でさえなく、敵を滅ぼそうとする熟慮された明白で一貫した意志に基づくものであることになる。敵の存在が自らの安寧と両立できないと判断するためには、冷静で理性が働く状態でなければならない。ここから持続的な決意が生み出される。関係が相互的であるためには、敵とされた相手の側も命を狙われていることを知っていて、私たちの命とひきかえに自らの命を守ろうとするのでなければならない。戦争という語には、こうした観念が含まれているのである。

　行動にうつされたこの悪意ある意志の国家的な結果が、戦闘行動と呼ばれるものである。しかし、戦闘行動が実際にあろうがなかろうが、ひとたびうちたてられた戦争の関係は、正式に和平が結ばれるまで終結することはありえない。正式な和平がなければ、敵対する各々は、相手が自分の命を狙うのをやめたということになんの証拠もないので、相手の命を犠牲にして自らの命を守るのをやめることはできないだろうし、やめてはならないだろう。

　こうした相違点は、用語を区別する理由となる。継続的な戦闘行動のために互いに気をゆるめることができない場合、本来の意味で戦争をしていることになる。反対に、敵対しているることを双方が公言していても、互いにいかなる攻撃も加えずに平穏なままでいる場合、両者の間の関係がそのことによってなにも変わりはしないとはいえ、その関係が現実的な結果を少しもともなわないかぎり、それは単に戦争状態と呼ばれる。長い期間にわたる戦争に両者がともにうんざりしているとはいえ、戦争を終結させることもできないといった場合に、ふつうこの戦争状態が生じる。ときには、なにも行動に出ないまま眠り込んでしまうのではなく、憎悪を込めて敵に不意打ちをくらわせる好機を待ち構えているだけだということもあるので、気のゆるみが生み出す戦争状態は、戦争そのものよりも危険なことがままある。戦闘の休止や中断、神の平和[*3]が戦争状態であるのか平和であるのかということについて、これまで議論がたたかわされてきた。右に示した概念の規定に従えば、これらはすべて形を変えた戦争状態であることが明らかで、敵対する者たちは互いに相手を害しようとする意志を捨てることも偽装することもせずに、行動を慎んでいるにすぎない。準備し、武器や兵糧を集め、同意した以外のあらゆる軍事行動は継続している。相手を害そうという意図が変わっていないことは明らかである。敵対する者同士が中立地帯で戦闘せずに会談する場合も、まったく同じである。

*3　十一世紀末から十二世紀にかけてカトリック教会が主導した平和運動。農民、女性、子供など非武装の者、教会、収穫物、家畜などを傷つけないことを封建貴族たちに誓わせた。

いったい誰が、万人に対する各個人の自然にかなった戦争などというばかげた体系を身ぶるいひとつせずに想像できただろう。自分の属する種を絶滅させることが自分の安寧と結びついているなどと信じられる動物とは、なんと奇妙な動物であろう。このような怪物とみまごう、厭うべき種がいたとしたら、たった二世代でも存続しえたなどと、どうして考えることができただろうか。ところが、かつて存在しえたもっとも才能に恵まれた人のひとり〔ホッブズ〕は、専制支配と受動的服従をうちたてようという欲望ないし熱狂のあまり、このような動物がいるのだという議論へと導かれたのである。その目的に鑑みれば、このような残忍な原理が好都合だったのである。

社会状態は、私たちの自然にかなった傾向性をことごとく束縛するとはいえ、自然にかなった傾向性をなくしてしまうことはできない。私たちがもっている偏見にもかかわらず、私たち自身が望まないにもかかわらず、私たちの自然にかなった傾向性は、私たちの心の奥底に語りかけ、私たちを真実へと連れていくので、私たちは妄想と手を切ることができる。もしもそのように破壊的な敵意を互いにもつことが私たちのなりたちと結びついていたなら、この敵意をもっと力強く感じ取ったことだろう。およそあらゆる社会的な束縛を貫いて、私たちの意に反して、私たちを突き動かしたことだろう。人類に対する恐ろしい憎しみが人の心をむしばんだだろう。我が子の誕生に深く悲しみ、兄弟の死に歓喜しただろう。誰か眠り込んでいる人を見つけるや、たちまち、その人を殺してしまいたいと考えただろう。

自分の同類の幸福のために手を貸そうとさえする善意や、苦しんでいる人の身になってその人の苦しみに悲しみを覚えさせる同情は、本性とは正反対の、かつて我が身に感じたことなどない感情ということになってしまうだろう。ものを感じ取る能力と憐れみの情をもった人は怪物ということになってしまうだろう。私たちを執拗に追いかけてくる堕落の中にあって、私たちがそう簡単にはなりえないものに、生まれながらにしてなっていた、などということになるだろう。[*4]

＊4　『人間不平等起源論』や『エミール』の中で、憐れみの情をもたない人をルソーは「怪物」と呼んでいる。

この互いに対する敵意は生まれつきのものではないにしても、万物に対して各人がもっている権利から不可避的に生じる競争に基礎をおいているのだ、などと詭弁家がいったところで虚しい。なぜなら、このいわゆる権利の感情は、それが生み出す戦争に比べれば、人間にとっていっそう自然にかなっているわけではないからである。すでに述べたことであり、なんど繰り返しても足りないくらいであるが、ホッブズと何人かの哲学者たちの誤りは、自分たちの目の前にいる人間たちと自然にかなった人間とを混同していること、別の体系の中では存在し続けることができない存在を、別の体系の中に持ち込んでいることである。自分の安寧と、自分の安寧に役立ちうるすべてを人間が求めるということには異論の余地がない。しかし、自然にかなったやり方では、人間の安寧は身体的に必要不可欠なものに限られている。というのも、健全な魂をもち、身体に苦痛を感じていないならば、自らのなりたちに従って幸福になるために、いったい何が欠けているだろう。何ももたない人はほとんど何も求めず、誰にも命令しない人は、ほとんど野心をもたない。しかし、余分にものがあると所有欲が目覚める。獲得すればするほど、さらに欲しくなる。多くをもつ人はすべてを望む。世界帝国を求めるなどという狂気が責めさいなむのは、偉大な王の心だけである。これが自然のなりゆきである。これが情念の発達である。皮相な哲学者は社会というパン種の中で百度もこねくりまわされ、発酵した魂を観察しては、自分は人間というものを観察したのだと信じこんでいる。しかし、人間というものをしっかり認識するには、人間の感情が自然にかなった形でどのように漸進的に変化したのかを見分ける術を身につける必要がある。大都会の住人たちのところに、人間の心に刻印された自然の最初の特徴を求めてはならない(1)。

仮に、私たちの詭弁家が考えるように、際限のない、御しがたい所有欲があらゆる人々のうちに発達するというのが真実だったとしても、だからといって、ホッブズが描いた忌まわしい光景のように、この所有欲から万人に対する各人の普遍的な戦争状態が生み出されるわけではないだろう。この万物を我が物にしたいという御しがたい欲望は、自分の同類を絶滅させたいという欲望と両立しえない。皆殺しにして勝利者となった者は、この世界にひとりぼっちで残されるという不幸を味わうことになるだろう。万物を手中におさめたというそのことによって、何も楽しむことがなくなってしまうだろう。交換することができなければ、富ですら何の役に立つというのか。世界のたったひとりの住人にとって、世界のすべてを所有することにどんな利があるというのか。なんということだろう。たったひとりの胃袋が、この地上の果実をみな食い尽くすとでもいうのか。方々の土地からいったい誰が産物を運んでくれるというのか。自分で住みもしない広大な土地で、いったい誰が帝国の記録をつけるというのか。抱え込んだ宝物をどうしようというのか。あふれる食料を誰が消費するのか。誰に対して権力を見せつけるというのか。なるほど、それで皆殺しにする代わりに、皆に足かせをつけて奴隷としたわけか。とたんに問題の性格はまったく違ったものとなる。もはや絶滅させることは問題にならないのだから、戦争状態は消え失せたのである。読者は、ここで判断を下すことをさしひかえていただきたい。この論点はおろそかにはできまい。

　人間は自然にかなったあり方では、平和を好み、臆病である。少しでも危険があれば、一目散に逃げる。習慣と経験を積んではじめて、人間は争いに慣れる。名誉心、利害心、偏見、復讐心、危険や死をものともしなくさせうるような情念はすべて、自然状態における人間とは無縁である。ほかの人とともに社会を形成した後になってはじめて、他の人を攻撃しようと考えるようになる。市民になったのちにはじめて、兵士となる。自分の同類すべてに戦争をしかけるような強い傾向など人間にありはしない。これまでに百度も反駁されてきた、言語道断でばかげた体系に、あまりに多くの紙幅を割いてしまった。

　人間の人間に対する全面的な戦争などというものは存在せず、もっぱら互いに殺し合うために人間がつくられたわけでもない。残された課題は、二人ないし複数の人たちの間で偶発的に生じる個別的な戦争について検討することである。

　自然法《ロワ》が書き込まれているのが、もっぱら人間の理性だけだったなら、私たちの行動の大部分を導くことができなかっただろう。しかし、自然法は、人間の心の中にも消すことのできない文字で刻み込まれているので、哲学者たちの説教などよりもはるかに力強く語りかける。それだけに自然法は、自分の生命を保全するためでなければ、自分の同類の生命を犠牲にすることは許されない、と人間に向かって叫ぶ。それだけに自然法は、たとえそれが強いられた場合だったとしても、怒りにまかせたわけでもなく人の血を流させることを恐れさせるのである。

自然状態にあって、調停する者がいない諍いのために、怒り狂った人間が、公然とにせよ不意打ちにせよ、殺人を犯すということはありうると考えられる。しかし、ほんとうの戦争というものが自然状態にありうるかといえば、そうであるためには、自分の生命を他人の生命の犠牲においてしか保全できないような、きわめて不可解な立場に人間を置かなければならないし、一方が生きるために他方が死ななければならないような関係が確立されているのだと想像しなければならなくなる。戦争とは、一貫した関係を前提として持続する状態である。ところが、諸個人の間にあるすべてのことがらが、関係性や利害を絶えず変化させる絶え間ない流れの中に置かれているというのに、人間と人間の間に一貫した関係が結ばれるなどということはほとんどない。口論の種は生じるのとほとんど同時に消滅するのだから、諍いも始まった日のうちには終わってしまう。闘いや殺戮が起こりうるとしても、長い期間にわたる反目や戦争は決して起こらない。起こったとしても、きわめてまれなことである。

社会状態にあっては、すべての市民の生命は主権者の権力に握られていて、何人《なんぴと》も自分の生命も他人の生命も意のままにする権利をもたないので、戦争状態が特定の個人の間に生じることはありえない。決闘、決闘の申し込み、封主間の宣戦布告、一騎討ちの申し込みなどは、法にそぐわないなりたちの野蛮な濫用であって、軍事行動から生じるのは真の戦争状態ではなく、すぐに消えてしまう局所的な私的事件である。二度目の戦闘をするためには、あらためて宣戦布告しなければならない。神の平和と呼ばれる数日にわたる休戦によって中断され、聖ルイ〔ルイ九世〕の勅令によって聖別された私戦については例外としなければならない[*5]。しかし、これは歴史上一例しかない例外である。

*5 『社会契約論』第一編第四章でも、この例に触れられている。

行動を起こすのに人間個人の力にとらわれない国王たちが、国家間の戦争とは無関係の個人的で個別的な戦争を国王同士の間に確立できるのかどうかは、さらに検討してみる余地がある。これは確かに無益な問いである。よく知られているように、他人をいたわるために自らの身を危険にさらすなどということは、君主たちの慣習にはない。加えて、この問いは私には決めかねる別の問いに依存している。すなわち、君主は国法に服従するのか、という問いである。というのも、国法に従うのであれば、一介の市民と同様に、君主の一身は国家と結びつけられ、君主の生命は国家のものということになる。しかし、君主が法を超越した立場にあるのなら、君主は純粋な自然状態に生きていることになるので、行動を起こすのに、自分の臣民のことも、他の何人のことも考慮するはずはない。

社会状態について

これから、新たな事物の秩序について検討することにしよう。人為的な協約によって結びついた人々が、互いに殺し合うために集まり、戦争を避けるためのさまざまな配慮から戦争への恐怖が生まれるのを見ることになろう。しかし、第一に重要なのは、政治体の本質について、従来よりも正確な概念をつくることである。歴史や事実よりも権利や正義が問題になるのだということ、私たちの偏見によってではなく、事物の本性によって事物を検討しようと私が望んでいるのだということ、読者はそれだけに注意を払っていただきたい。

ひとつの社会が形成されると、必然的に他の社会が続いて形成される。最初の社会に対抗するには、相手を自らの一部として取り込むか、新しくできた社会が連合しなければならない。最初の社会をまねするか、最初の社会に呑み込まれるしかない。

このようにして、地上はすっかり変わってしまった。いたるところで自然は姿を消した。いたるところで人為が自然にとってかわった。自然にかなった独立と自由は、法と隷属に場所を譲り、もはや自由な存在者などどこにもいなくなった。哲学者は人間というものを探し求めるけれども、もはや見つかりはしない。ところが、自然を無にしようとしても虚しい。人が思いもよらないところで、自然はよみがえり、姿を見せる。人間たちから奪われた独立は社会の中に逃れ、独自の推力にゆだねられたこの大きな政治体は、その大きさが増すにつれて、いっそう恐ろしい衝撃を生み出し、諸個人の間の衝撃を凌駕してしまう。

しかし、この政治体の各々は、しっかりとした平衡を保っているのだから、いったいどうしてお互いにぶつかることなどあるのか、という人がいるだろう。そのなりたちからして、これらの政治体は恒久平和のもとに維持できるはずがないのではないか。個々の人間たちと同じように、欲求を満たすために必要なものを外に探しにいくことを強いられるのではあるまいか。自らを保全するために必要不可欠なものをすべて自らのうちにもっているのだろうか。競争と交換は、避けることができない不和の源泉ではないのか。世界のすべての国において、交易に先立って住民が存在したためしはないのではないか。これは交易なしには住人たちが生き延びることはできないということの、論破できない証拠ではないか。

こうした意見に対しては、事実によって答えれば十分であろう。反駁されるのを恐れるわけではないけれども、ここで私は事物の本性に基づいて議論しているのであって、共通の原理原則とは無関係の無数の個別的な原因によって起きた出来事に基づいているわけではないことを忘れてはならない。政治体のなりたちを注意深く考察してみることにしよう。各々の政治体が自らを保全することだけで足れりとしている限り、政治体と政治体の相互の関係は、諸個人の間の相互的関係がそうである以上に近しいものになることはない。というのも、人間には根本的に、自分の同類たちと必然的に結ばなければならない関係などまったくなく、同類の協力などなくても人間は力強く生き延びることができるのである。人間が必要とするのは、人の配慮よりも大地の恵みである。地上の住民すべてを養って余りある作物を大地は実らせる。自然によって定められた力と大きさの限度というものが人間にはあり、人間はそれを越え出ることはできない、と付け加えるがよい。人生は短く、齢《よわい》は重ねられてゆく。自分の能力に限界があることが人間にはわかるはずである。人生は短く、齢は重ねられてゆく。胃袋が大きくなるわけではないのだから、富をもったからといって、情念に引きずられたからといって、食欲を膨らませてみても虚しい。味わうことのできる快楽にも限度があり、心の働きも限られている。他の能力と同じように、楽しむために与えられた能力も同じままである。頭の中で高く舞い上がってみても虚しく、実際には小さな存在のままである。

正反対に、国家は人為的な集合体であるから、その大きさにいかなる定めもない。適切な大きさなど決められてはいない。常に拡大していくことが可能である。より強大な国家がある限り、己を弱小国だと感じる。国家の安全と保全のために、近隣のいかなる国家よりも強大であることが求められる。勢力を拡大し、養い、行使するために近隣諸国を犠牲にしなければならない。生活必需品を国外に探し求める必要がなくても、国運をさらに揺るぎないものとするために、新たな構成員をたえず国外に探し求めなければならない。というのも、人間たちの間の不平等には自然の手によって置かれた限界があるけれども、社会と社会の間の不平等はたえず増大していき、ついにはたった一つの社会が他のすべての社会を吸収してしまうからである。

このように、政治体の大きさはまさしく相対的なものであるから、己を認識するためにたえず他の政治体と比較するように強いられる。周囲にあるすべてのことに依存し、周囲で起こるすべてのことに関心をもたずにはいられない。というのも、何も獲得せず、また何も失わず、ただ自国の内に閉じこもろうとしても虚しく、隣国が拡大するか縮小するかによって、隣国が強くなるか弱くなるかによって、自国もまた、小国とも大国ともなり、弱くも強くもなるのだから。結局、自国が強固であるということじたいが、隣国との関係のあり方をいっそう一貫したものにし、自国のあらゆる行為の結果をいっそう確実なものとし、隣国との諍いをいっそう危険なものにするのである。

これでは、わざわざ真の事物の観念をことごとくくつがえそうと努めてきた人がいたように思われてしまう。ほんとうは、あらゆることが自然にかなった人間を休息へと導いている。自然にかなった人間が知っている欲求といえば、食べることと寝ることだけで、空腹を覚えることだけがこの人を怠惰から引き離す。それなのに、この人が知ることなどない情念のために、いつなんどきでも同類たちをさいなみかねない怒り狂った人として描き、反対に、社会の中でこそ燃え立つあらゆるものによってかきたてられるこうした情念は、社会には存在しないのだ、などと書いてはばからない人がいたのである。無数の著述家たちが、政治体は情念をもたず、理性そのもののほかには国是をもたない、などと臆面もなく述べてきた。まるで、事実はまったく正反対で、社会の本質はその構成員たちの活動にあって、何の動きも見せない国家は死体以外の何ものでもないということがわかっていないかのようである。まるで、このうえなくうまくなりたっている社会はもっとも活動的な社会でもあったことを、そして、政治体の内部であれ外部であれ、その構成員が一貫して活動を続けていることこそが、政治体全体の勢力の証拠になることがあると、世界中のありとあらゆる歴史家たちが描いているのを否定しているかのようである。

人為と自然がなせる業との差異は結果に現れるので、市民たちが国家の構成員であると自称してもむだで、手足が身体と結びついているのと同じように、市民たちが国家と結びつくことはできまい。各々の市民がめいめい別々の存在であるのを妨げることはできないし、その結果、めいめいが自分ひとりの保全をもって満足するのを妨げることもできない。神経がものを感じることが少なくなり、筋肉の力が弱くなると、それだけ絆も緩み、ほんのわずかな事件で、すべてがばらばらになってしまう。

どうか考えてみてもらいたい。政治体という集合にあって、個人がもつ力の総和にどれほど公の力が劣っているか。機械の働きにいわば摩擦がどれほど生じているのか。細かな例外はあるにせよ、おおむね、このうえなく頑強な国家が保全のためにもつ力よりも、このうえなくひ弱な人間が己の保全のためにもつ力の方がずっと大きいことがわかるだろう。

したがって、国家が存続するためには、動きが鈍くなったのを情念の激しさが補い、勢力が衰えた分それだけ意志が生き生きとしていなければならない。これこそが、さまざまな種の間にある不平等にもかかわらず、すべての種を維持する、さまざまな種の間に自然そのものがうちたてた保全をはかる掟なのである。まさにこれこそが、ついでに述べておくのだが、領土に見合った力を大国よりも小国の方がいっそう強くもっている理由である。というのも、領土を拡張したからといって公の感受性が高まるわけではないのだから、国家が拡大すればするほど意志はさめていき、動きは弱まり、沈滞し、衰弱していくからである。

新しくできた国々が地上を覆い尽くすのを見た後で、これらの国々がお互いを滅ぼそうとしてもつ一般的な関係を見いだした後で、次の課題となるのは、これらの国々の存在、安寧、生命をつくりだしているものが何であるのかを正確に知ることである。その目的は、いったいどのような敵意によって、国家が互いに攻撃し合い、害し合う、などということが起こるのかを見いだすことにある。

政治体が統一性と共通の自我とを受け取るのは、ほかならぬ社会契約によってである。政府と法律は政治体のなりたちを多少とも強固にする。政治体の生命は市民たちの心の中にあり、市民たちの勇気と品性が政治体の生命を多少とも引き延ばす。一般意志によって命じられたと判断しうる、当該国家が自由になした行動がどのような性格のものであるかによってのみ、この行動を生み出した存在のなりたちの善悪を判断することができる。

したがって、社会契約と法律を尊重する共通の意志が存在する限り、この契約は維持されているのである。この意志が行為によって外部に対して表明されている限り、この国家は消滅してはいない。しかし、存在し続けるといっても、国家の勢力が生き生きとしていることも衰えていることも、強大であることも弱体化することも、健全であることも病んでいることも、破壊に向かうことも地固めに向かうこともありうる。国家の安寧は、その国家の状況によって無数の形で増大したり損なわれたりする。その詳細を長々と述べることは差し控えるけれども、以下に関係する概略を示すことにしよう。

国家間の戦争の一般観念

政治体の生命の原理、そういってよければ、国家の心臓となるものは、社会契約である。したがって、この契約が傷つけられるや、国家は、死に、倒れ、解体してしまう。しかし、この契約は羊皮紙に書かれた憲章などではないから、引き裂いたからといって破壊されはしない。この契約は一般意志の中に書き込まれており、簡単には破棄できないのである。

最初から全体を分割することはできないので、一部分に攻撃がしかけられることになる。身体がびくともしないので、四肢を傷つけて身体を弱らせようとするのである。存在そのものを奪うことができないので、せめて安寧を損なおうとする。生命の宿る座に到達することができないので、生命を維持させているものを破壊しようとする。こうして、政府、法律、習俗、富、所有物、人間たちに攻撃が加えられる。国家を保全させているすべてのものがなくなってしまえば、国家も滅びるほかあるまい。

こうした手段のすべてが、国家間の戦争で用いられる。あるいは、用いられる可能性がある。武装解除された敗戦国に害をなしつづけるために、戦勝国によって一方的に用いられることもしばしばある。

というのも、戦争を通じて敵に加えられる害悪の目的は、平和を通じてさらにいっそう害悪を加えて敵が苦しむよう強いることだからである。このような敵意については、歴史上の実例に事欠かない。商品や食料品への徴税、領土の割譲、住民の移転について語る必要はあるまい。人間を毎年貢ぎ物にすることさえ、珍しくはない。ミノス王〔伝説が伝えるクレタ王〕やアテナイ人たちにまでさかのぼらなくとも、よく知られているように、メキシコの皇帝たちが隣国を攻撃したのは、生贄にするための捕虜が必要だったからだし、今日のギニアの王たちの間で起こっている戦争についても、ギニアの王たちとヨーロッパ人たちとの条約の目的は、もっぱら奴隷を貢いだり売買したりすることにある。戦争の目的と成果がときに敵国のなりたちを損なうことにほかならないということもまた、たやすく論証できる。ギリシアの共和国が互いに攻撃をしかけたのは、互いに相手の自由を奪おうと企てたためではなく、敵国の統治形態を変えること、すなわち、もっとも確実に自国に従属するように敗戦国の統治形態を変えようとしたからである。マケドニア人をはじめ、スパルタを征服した人たちはみな、リュクルゴス〔スパルタの伝説的な立法者〕の法を廃止させることを重視した。ローマ人たちは、服属させた民族にその民族の法をそのまま残すこと以上に寛大さを示すことはできないと考えていた。さらに、またよく知られているように、人々を興奮させ、軟弱にさせる、屋内で行う女々しい技芸を、自分たちからは遠ざけておいて、敵たちの間でははやらせるようにすることが、ローマ人たちの政治的な鉄則であった。タレントゥム〔現在の南イタリアにある都市ターラント〕に飾られていた立像や絵画をローマに運ぶように促されたとき、ファビウス〔ローマの将軍〕は「怒り狂ったタレントゥムの神々はタレントゥムの人たちのもとに残していこう」といったのだった。シュラクサイ〔現在のイタリア、シチリア島南部の都市シラクーザ〕で同じ政策に従わなかったため、まさしくマルケッルス〔ローマの将軍〕はローマ人たちの習俗が衰退し始めた責任を帰せられることになった。これほど真実なことはない。巧みな勝者は、敗者に何かを残しておくことによって、敗者から奪う以上に敗者に害を加えるものなのである。逆に、貪欲にかられて強奪する者たちは、考えもなしに敵に加えた悪のために、相手以上に自分が害を受けるということが往々にしてある。習俗がもたらす影響は、ほんとうに啓蒙された君主たちの間では、きわめて重要なこととみなされてきた。反乱を起こしたリュディア人たちにキュロス王〔アケメネス朝ペルシアを開いたキュロス二世（大王）（前六〇〇頃―五二九年）。服属させた者たちの宗教や慣習に寛大で、有能な者は積極的に登用したと伝えられる〕が科した罰は、柔弱で女々しい生活を送らせることだけだった。クーマエ〔現在のイタリア、ナポリ北西に築かれた古代ギリシアの植民都市〕の住人たちを服属させておくために僭主アリストデモス〔前三世紀のメガロポリスの僭主〕がとった方法は、あまりに異様なものだったので、とりあげずにはいられない。

以上の例から十分に、ある国家を弱体化させるために用いることのできるさまざまな手段についての観念を、また、戦争時に敵を害するために用いることが許されると考えられるさまざまな手段についての観念を引き出すことができるであろう。こうした手段のいずれかが条件に掲げられているような条約についていえば、このような類の平和にあっては、ほんとうは、ひょっとすると、もはや敗者が自衛する権利をもたないだけに、いっそう残酷な戦争が続いているともいえるのではないか。この点については、別の機会に論じるつもりである。

以上のことに、悪意がはっきりと見てとれる証拠を付け加えてみるがよい。すなわち、どこかの外国を害する意図を表明したうえで、その国に与えるべきあらゆる証書を拒み、その国の権利を認めず、その国の要求を退けてその臣民から交易する自由を奪い、その国と敵対する国をそそのかし、いかなる口実を持ち出してでも万民法に違反することをその国に行う場合である。

どこかの政治体を脅かすこれらさまざまなやり方は、どれでも同じように実行できるわけではなく、それを用いる政治体にとってどれでも同じように有益であるわけでもない。それゆえ、自分たちに有利であると同時に敵に損害をもたらす方法が好まれるのは自然にかなっている。土地、金銭、人々といった、奪い取って自分のものにしうるあらゆる戦利品が、互いにもつ敵意の目当てとなる。知らないうちに、このいやしい貪欲さが事物の観念を変化させ、戦争はついには強盗となり、やがて、敵たちは暴君となり、戦士たちは盗人になる。

こうした観念の変化が考えもなしに採用されるといけないので、まず私たちが用いる観念をしっかりと定義して、定義を可能な限り簡明にするようにつとめることによって、濫用される余地を残さないようにしよう。

そこで私は国家間の戦争を、可能なあらゆる手段を用いて、敵国を破壊する、あるいは少なくとも弱体化するという、明確に表明され、継続的である、相互的な意向の結果と定義したい。実際の行動にうつされたこの意向が、本来の意味での戦争である。結果をともなわない限り、この意向は戦争状態でしかない。

反論が予想できる。一方で、戦争状態は国家の間で自然にかなっているといっておきながら、なぜ戦争を引き起こす意向を明確に表明する必要があるのか、と。これに対して答えよう。これまでは自然にかなった状態について語っていたのだけれども、ここで問題にしているのは法にかなった状態についてである。状態を法にかなったものとするために、なぜ戦争が宣言される必要があるのか、これから問題にすることにしよう。

根本的な区別

読者に忘れないようにお願いしたい。私が追究したいのは、戦争をしている者にとって戦争を有利にするものは何かということではなく、戦争を法にかなったものにするのは何かということである。正義にかなったものであろうとすると、ほとんど常に高くつく。だからといって正義にかなっていなくてもよい、ということになるだろうか。

個人と個人の間には、真の戦争はこれまで決してなかったし、ありうるはずがない。したがって、これまで戦争があったのは、ほんとうに敵同士と呼ぶことができる者たちの間においてであった。すなわち、公人の間においてであった。それでは公人とは何か。主権者と呼ばれる道徳的存在である。主権者に存在を与えるのは社会契約であり、およそ主権者の意志は法という名をもつことになる。ここに、先に示した区別をあてはめてみよう。戦争の結果として、主権者が損害を与え、国家が損害を受ける、ということができる。

人間に対して戦争をしかけるのではなく、もっぱら道徳的存在の間でしか戦争が起こらないのであれば、誰の生命も奪わずに戦争をすることが可能である。この点については説明が必要である。

厳密に社会契約に沿う形でのみ、ものごとを考察するなら、土地、金銭、人間、国家の懐に抱かれるすべてのものが、留保なく国家のものになる。しかし、自然法《ドロワ》に基づいた社会の法は、自然法を消滅させることはできないので、こうしたものすべては、二重の関係のもとで考慮されなければならなくなる。たとえば、土地は国家の領土であるとともに個人の私有財産でもある。ある意味で主権者のものである富は、別の意味では所有者のものでもある。住人たちは市民であるとともに人間でもある。要するに、政治体は法人格にほかならないのだから、理性がつくりだした存在にほかならない。公の約束が失われれば、政治体を構成するすべてのものはまったく何も変わらないまま、たちまち政治体の存在が破壊されてしまう。いかなる人間たちの約束も決して、ものごとに物理的な変化は何も及ぼすことができない。それでは主権者に対して戦争をしかけるとはどういうことなのか。それは、公の約束とこの約束から帰結するすべてに攻撃を加えることである。というのも国家の本質はそこにしかないからである。もしも社会契約が一撃で断ち切られてしまうのなら、たちまち戦争は終わってしまう。この一撃で国家は滅亡するけれども、人間はただのひとりも殺されはしない。アリストテレスによれば、スパルタで奴隷《ヘイロータイ》たちに加えられている残酷な仕打ちを正当化するために、監督官たち《エポロイ》〔毎年市民から選ばれる五名の官吏で、国王に対する監督権が与えられていた〕は着任時に、奴隷たちに向かって厳かに戦争を宣言していた。この宣言は、残酷であるとともに無用でもあった。戦争状態は必然的に継続していたのであり、ただそれゆえにこそ、一方は主人で、もう一方は奴隷であった。スパルタ人たちは奴隷たちを殺していたのだから、奴隷たちもまたスパルタ人を殺す権利があったはずだということは疑いえない。

原注

（1）このように、この分析方法は、もっとも賢いはずの人がいちばん理解することが少ないという、はかりしれない謎が生じる理由を教えてくれるのではなかろうか。精神が啓蒙されればされるほど、なぜ習俗が堕落するのか、と人は問う。啓蒙された精神の持ち主たちが厚かましくも事実を否定する理由がわからないのである。私たち〔ヨーロッパ人〕のもとに連れてこられた未開人たちが、私たちがもっている情念も快楽も共にすることはなく、私たちがあれほど激しく求めているものを何ひとつ気にとめないのはなぜか、と人は問う。啓蒙された精神の持ち主たちは決して説明してくれないだろう。あるいは、私たち〔ヨーロッパ人〕がもっている原理原則によってしか説明してくれないだろう。自分たちが見ているものしか認識せず、これまで自然を見たことなど決してないのである。ロンドンやパリの都市住民がどのようであるかはよく知っているけれども、人間とは何であるのかは決して知ることがないだろう〔「学問や技芸の復興は習俗の純化に役立ったか」とするディジョン・アカデミーの懸賞課題に「役立つどころか、習俗を堕落させたのだ」と答えた論文（『学芸論』）が第一位を与えられたことで、ルソーは思想家として文壇に登場した〕。

訳者解説

『人間不平等起源論』

文明化された、物質的に豊かな社会に生きる人々が、必ずしも幸せを実感しながら生きているわけではない。むしろ、往々にして、不幸で惨めである。このような認識が、ルソーの思想の根底にある。しかし、それは、人間が自ら招きよせたものであって、人間の本性に由来するものではない。神がつくったままの、自然にかなった形で生きる人間には、不可避的に悪を生み出す衝動など何もない。「人間の本源的善性」と規定されることになるこの主張が、自らの著作をつらぬく根本原理であったと、ルソーは後に繰り返し述べている。『人間たちの間の不平等の起源と根拠に関する論文』（以下、『不平等論』と略記）は、この「人間の本源的善性」論が明確に述べられた最初の著作として、ルソーの思想を理解するうえで、きわめて重要な位置を占めている。

『不平等論』が問題とするのは、体格、体力、手先の器用さ、知的能力などに認められる「自然にかなった不平等」ではなく、地位、身分の区別、貧富の差、支配隷属関係といった、約束や合意によって人間がつくりだした不平等である。歯止めのない不平等は、惨めで不幸な生き方を人間に強いる主要な原因のひとつだとルソーは考えている。

適切に統御されないままの人間の本性が悪を生み出すのだと主張する著述家たちは、食料、財産、パートナー、高い社会的地位や身分、名誉を奪い合って争う欲望が、人間本性に根ざしているという。しかし、ルソーによれば、こうした欲望は、社会の中で人間が獲得したもので、神がつくったままの人間には無縁である。社会の中で生きる人間たちは、自分と他人を比較して、他人よりも優位に立とうとする。はてしない競争関係の中から、生存に必要不可欠ではない欲望が生じ、人間たちは互いに相手の幸福を損なうことによって、相対的に自分の立場を高めようとさえする。

ルソーは、時間をさかのぼり、政治社会が設立される以前の、過去にあったと想定される自然状態に生きる人間、すなわち「野生人（homme sauvage）」の姿を描こうとした。豊かな実りをもたらす森の中で、他の人間とはほとんど交渉をもつことなく生きる野生人は、文明社会で他人と複雑な関係をもちながら生きる人間たちがもつ欲望をほとんど何ももたず、平穏に暮らしていたはずだとルソーはいう。集団をつくることなく、孤立して暮らしている野生人は、自分を他人と比べることなどほとんどなく、他人よりも優位に立とうなどと考えない。

さらにルソーは、ヨーロッパの文明から空間的に遠ざかって、「未開人たち（sauvages）」のありようについて書かれた報告を手がかりとして参照しながら、野生人のイメージを補強している。文明社会に生きる人間たちがありがたがっている道具はことごとく、未開人たちの目には、少しも魅力的に映らないのだった。未開人についての記録を参照する際、記述に紛れ込んだであろう書き手の「偏見」を注意深く退けながら、「人間について私たちはヨーロッパ人のことしか知らない」とルソーは指摘する。身近な世界にしか関心をもたず、自分たちが慣れ親しんだ文化にしか価値を認めない立場に対する痛烈な批判は、二十世紀になって、たとえばヨーロッパ中心主義に深い疑問を投げかけた人類学者レヴィ＝ストロースから注目されることになる。

野生人を描く際に、ルソーはしばしば動物の生態や身体構造を参考にする。その際、「動物（animal）」とともに「獣（bête）」という語も用いられている。「理性を欠いた動物。人間は含まれない」という当時のフランス語辞典（『トレヴー辞典』）の定義に見られるように、「獣」という語は、人間との区別をことさらに意識して用いられるのがふつうであった。人間と動物が質的に異なった存在であるという考え方は、思惟という霊的存在（神や人間）に固有の本質を欠いた動物のあらゆる活動を物質の機械的な運動によって説明できるとしたデカルトの主張に、その具体例の一つを見ることができる。しかし、ルソーは、人間の本性を論じるにあたって、理性よりも感情や感覚に注目しており、野生人と動物の間には、断絶よりも連続性が強く意識されている。

ヨーロッパの文明社会から、時間的にも空間的にも遠くへと思いをはせて、自然に人間が付け加えたものをことごとくはぎ取ろうとする、ありとあらゆる努力にもかかわらず、神がつくったままの人間の姿、すなわち「自然にかなった人間(homme naturel)」にまでは、ルソー自身もたどりつくことができなかったのかもしれない。しかし、「自然にかなった人間」について思考することで、その仮説的な姿をいわば理論的な鏡とすることで、私たちが当たり前のこととしてふだん疑いだにしないことが、実は「滑稽な偏見」にすぎないことが暴き出される。「人間の本源的善性」は、自分たちの現在のありようを根源的に問い直すてがかりになりうる観念だった。神がつくったままの自然(nature)には、平和と秩序が行き渡っている。自然に手を加え、人間たちにとってより都合がよいものへと改善しようとする人為(art)は、しばしば、自然にかなった秩序を乱してしまう。自然と人為の対立構造は、人間の身体と精神にもあてはまる。食欲や性欲などの身体的・生理的な欲求を満たすことは、豊穣な自然のただなかで孤立している野生人にとっては、たやすいことだったはずだとルソーはいう。動物と混じって森の中に分散して生活している限り、体格や身体能力の相違が、消費する食料の量に多少の差異を生み出したとしても、実質的にはほとんど何も起こらない。必要以上に食料を我が物にしても、腐らせてしまうだけである。

しかし、飽くことなく洗練をきわめ続ける人間のつくりだした文化の中で、精神的な欲望を満たすことは、必ずしもやさしいことではなくなってしまう。むしろ、欲望を満たすことが困難であるということそれじたいが、欲望の対象の価値を高めることもある。希少なもの、めったに手に入らないもの(ぜいたく品)を、実際にはあまり有用でないにもかかわらず追い求める一方で、誰にとっても必要不可欠なものをありふれたものだからと軽んじる人間たちの営みが、文明を洗練させるとともに、不平等を拡大していく。このようにして、幸福をかなえる手段であったはずの技術の進歩が、人間にたえず欠乏感を抱かせて不幸にする、という本末転倒を招くのだと書くとき、ルソーのペンはひときわ光彩を放っているように思われる。ここで「身体的」と訳した《physique》が、「自然」を意味する古典ギリシア語の「ピュシス」に由来することに注意していただきたい。対となる「精神的（moral）」の語は、「道徳的」とも訳せる。この語は、「慣れ親しんだ場所で行われている慣習、習俗」とか、「個人の品性」などの語義をもつ「エートス」という古典ギリシア語にキケロが与えたラテン語訳《moralis》に由来する。森羅万象について研究する自然学や自然哲学に対して、道徳哲学（moral philosophy）は、およそ人間がつくりだした文化や社会の仕組みにかかわることがらすべてを探求するものであり、今日の人文社会科学のほぼ全体とかかわりをもっていた。精神的な欲望や道徳的洗練を求めることが、必ずしも人間を幸せにするのではなく、むしろ往々にして自然を損なってしまうという問題が、『不平等論』を読み解くうえでひとつの鍵になる。

なお、ほとんど《nature》（自然、本性）と重なる概念として、ルソーは《constitution》の語を用いている。この語は、気候や風土といった環境の影響、人為的・外的要因によってもたらされた変化を強調する文脈で用いられる。神による世界の創造の後、神の摂理の外で生じる変化を被ったものごとの本質を示す語である。残念ながら、適切な訳語を見いだすことができなかったため、本訳書では、便宜的に「なりたち」と訳しておいた。

人間たちの間の不平等が支配隷属関係を生み出すきっかけを与えた決定的な技術が、ルソーによれば農業と冶金である。ひとたび土地の私的所有が始まると、たちまち、大地は所有者によって分割され、社会的分業（労働の分割）が進み、もつ者ともたない者の不平等が際限なく拡大していく。必要以上に手元においておくと腐ってしまう果実とは異なり、土地と貴金属は、いくらでも自分のものにしておくことができる。ひとたび富の獲得競争が始まると、人間たちはいやがおうでもたえざる競争に巻き込まれていく。周囲が富を集める中で、何もせず、何も獲得しないでいれば、結果的に、富を集めた周囲の者たちよりも貧しく弱い存在になってしまうからである。ついには、他人を完全に自分に服従させるまでに力と富を蓄えた一部の人たちが、大多数の人たちを支配することになる。そうして支配と隷属が生まれる。『社会契約論』や『エミール』など後の著作でも、ルソーは、支配隷属関係は、隷属する者たちだけでなく、支配する者たちをも不幸で惨めにしているのだと論じている。

自然と人為の、身体と精神（道徳）の対立構造を立てることによって、ルソーが特に論破しようとしたのは、カトリック教会の主要な教義のひとつである原罪説と、ホッブズ以来の政治思想の系譜だった。

封建的秩序の拘束から個人を解放して、個人の自由意志を重んじた近代思想は、原理的には、生存と幸福実現の責任を各個人に負わせることになる。自己を保全する欲求を核として人間本性を規定したホッブズ以来、各個人が利己的な存在であるままに、いかにして社会に秩序をつくりだすかという問題が、近代政治思想の主要な論点のひとつとなった。自己の生存を求める基本的な欲求を起点として、際限のない幸福の欲求へと連なる情念を生得的な人間本性と認めるグロティウスやプーフェンドルフは、これを満たす能力を欠いているという意味での「人間の弱さ」を強調する。この「弱さ」ゆえに、人間の相互依存と社交性の原理が人間本性に不可欠なものとして導入される。さらに、共同生活が必要不可欠であることを根拠として、現実にある社会が是認される。多様な利害関係を調整して利己心の逸脱を「社交性」によって量的に緩和することに「幸福の合理的追求」のあり方を認める立場は、近代自然法学からルソーと同時代の啓蒙思想家たちに受け継がれた。ルソーはこの論法を、起源と根拠を混同して、現実にあるものを根拠として権利を導く背理として退け、現実社会の構成要素が自然状態に持ち込まれている、と厳しく批判する。森の中で孤立して生きる野生人の姿をとおして、ルソーは「身体的欲求を政治社会の根拠としている人々」に痛烈な反論を浴びせたのである。

近代自然法学者や啓蒙思想家たちに見られるような、利己心を原則としてひとくくりに肯定する立場に反論する一方で、ルソーは、自己を愛すること自体を否定する立場も退ける。現実に存在する悪の根拠を人間本性に認め、「自我は憎むべき」だとする一部の神学者たちをルソーは恐れた。現実の人間たちが邪悪な存在であることを認めたうえで、人間が自分を愛することそのものには、悪を招く必然的理由は何もないのだ、とルソーはいう。神によってつくられた人間本性に悪はないとするルソーの主張は、後に、原罪の教義を否定するものと受け取られ、教会から厳しく断罪されることになる。

社会から孤立した個人の自力による生存の可能性を否定することによって、現在見られる社会関係を避けられないものとみなす点で、原罪説と近代自然法学の人間本性論は同じ機能を果たした。この両者をともに批判するためにルソーが展開する議論の中で重要な役割を担っているのが、一般には同義語とされる「利己愛（amour-propre）」と「自己愛（amour de soi）」の間にルソーが持ち込んだ区別である。ルソーによれば、もっぱら自分の生存と幸福を求める「自己愛」は、つねに自然の秩序に一致した善良な情念である。他人の存在を想定しない「自己愛」は、他人に対して悪意を抱くことはないので、結果的に他人に不利益を及ぼしたとしても、その行為に対して道徳的責任を追及できないという。ルソーは道徳性を行為する人の意志の善悪に照らして判断するからである。つまり、意図的に他人を害し、傷つけようとする行為のみが悪とされるのであり、他人の存在を想定しない「自己愛」に基づいた行為について、道徳的責任が問われることはありえない。悪を生み出す必然的で不可避的な要因が人間本性にはないということが、「人間の本源的善性」の論拠となる。

一方、他人との交流から得られた多様な観念を基盤として、理性が発達し、働くようになると、「想像力」がめざめ、自分の立場を越えでて、他人の立場に自分を置いてみることができるようになる。自分と他人を比較することによって、「自己愛」は「利己愛」に形を変える。「利己愛」は他人との関係における（他人と比較された）自分を対象とする愛で、他人よりも幸福でありたいと望む。他の人々も、自分のことを誰よりも愛し、尊重してくれるようにと願う。そのため、「利己愛」は、他人の眼に自分を現実以上に見せようとする虚栄心や、他人を軽蔑し、過大な自己評価を求める傲慢を生み出し、他人の不幸を喜ぶ排他的な情念に堕落する危険性をはらんでいる。もっとも、ルソーの著作において、「利己愛」がつねに否定的な情念として現れるわけではない。たとえば、この情念をひとつの手がかりとして、人間の道徳的発達の可能性を追究することが、教育論『エミール』の重要な課題だった。

フランス語では、「利己愛」と「自己愛」は同義語として用いるのが一般的である。しかし、十七世紀には、キリスト教の原罪説を極端に押し進めて「自我は憎むべき」と主張する神学者が現れたのに対して、神への愛と一致する限りでの自己を対象とする愛を「自己愛」と呼んで「利己愛」一般から区別して、断罪の対象から外そうと試みた神学者たちも現れた。こうした神学論争にかかわる書物から、この二つの用語を区別することを、ルソーは学んだらしい。近年になって、ルソーの蔵書であった神学者の著作も発見されている（たとえば、ジュネーヴに生まれ、フランスのリヨンで活躍した理神論者マリー・ユベール（Marie Huber）（一六九五―一七五三年）の『単なる装飾とは区別された、人間にとって本質的な宗教に関する手紙』（一七三八年））。また、この二つの語を区別したフランスのモラリストであるヴォーヴナルグ（Luc de Clapiers, Marquis de Vauvenargues）（一七一五―四七年）の『人間精神認識入門』（一七四六年）第二巻第二四節の冒頭部分が、『不平等論』を準備していた時期に作成されたルソーの読書ノートに書き取られている。スイスのヌーシャテル図書館に保管されているこのノート（MsR 18）には、ビュフォンの『博物誌』や、いわゆる未開地域を記述した旅行記など数多くの文献から、出典とともに文章が抜き書きされており、ルソーが『不平等論』の執筆に並々ならぬ熱意をもっていたことを、後世に伝えている。

『不平等論』は、力強く読者に訴える。――神がつくった世界全体には秩序が行き渡っている。神の摂理の外にある人為がこれを損なっている。人間の不幸（悪、病）の原因は、世界をつくった神にも、神がつくった人間の本性の中にもない。現実に目の前に存在する悪を避けることは、真剣に望むならば、人間にとって不可能なことではないのだ、と。

『不平等論』は、一七五四年のディジョン・アカデミーの懸賞課題に応募した論文を翌年に出版したものである。『メルキュール・ド・フランス』という雑誌の一七五三年十一月号に掲載された、ディジョン・アカデミーによる懸賞論文の課題「人間たちの間にある不平等の源泉《スルス》はなんであるか、また、それは自然法《ロワ》によって是認されるか」を見て、「壮大な問いに感銘を受けた」と、ルソーは後に自伝『告白』第八巻で回想している。森を散策しながら思索をめぐらし、論文の構想を練ったという。なお、本作品に先立って、一七四九年の同アカデミーの懸賞課題に応募して第一位を与えられた論文は、その翌年に出版され、ルソーの文壇デビュー作となっている（『学芸論』）。

『不平等論』の冒頭には、祖国ジュネーヴに捧げられた、長文の難解な献辞が置かれている。序文、注についての説明、表題のない短いまえがき、二部にわかれた本論と続き、そして巻末に、かなり長い原注が置かれている。『不平等論』にはじめて触れる読者諸氏は、献辞を後回しにして、まず序文と本論を読まれるのもよいかもしれない。

本訳書の準備にあたっては、プレイヤード版『ルソー全集』第三巻（ガリマール社、一九六四年）に収められたテクストを底本としつつ、ルソー生誕三百周年を記念して企画されたスラトキン社版『ルソー全集』第五巻（二〇一二年）を参照した。また、本田喜代治、平岡昇、小林善彦、原好男、戸部松実、中山元の各氏の邦訳から多くを学ばせていただいた。この場を借りて、各氏に謝意を表明したい。特に、重要な概念について、ルソーが参照した文献をもふまえて詳細な解説と訳注を付した戸部氏の訳業から多くを学んだ。しかし、本訳書の準備にあたり、専門家の目から見れば、ものたりないところが生じることは覚悟のうえで、できる限り、一般の読者の方々にも親しみやすい、平易な訳文にすることを心がけた。たとえば、一般に「自然法」と訳しうる語句には数種類あり、戸部氏の翻訳では訳し分けられているけれども、本訳書ではあえて訳し分けをしなかった。本訳書が、これまで積み重ねられてきた先人たちの訳業に何ものかを付け加えることができたかいなかは、はなはだ心もとない。いまは、本訳書を通じて、ルソーの思想に触れ、ルソーの思想を手がかりにして、自分自身がかかえる問題について思索してみようと考えてくださる読者がおられることを願うばかりである。

『戦争法原理』

一つの政治体（国家）の形成と政治体内部の制御を問題とする「国制法」に対して、「戦争法」が問題にするのは、複数の政治体の間の関係を調整することである。したがって、「戦争法」は、「国際公法」ないし「万民法」の一領域とみなすことができる。「国制法原理」という副題をもつ『社会契約論』（一七六二年）とともに、『戦争法原理』と題する作品をルソーが準備していたことは、研究者の間では知られていた。『不平等論』などを出版したアムステルダムの出版業者レイ（Marc-Michel Rey）（一七二〇—八〇年）にあてた一七五八年三月九日付の手紙に、「私の『戦争法原理』はまだできあがっておりません」と記されている。このほかにも、「商業、戦争と征服の法、国際公法、同盟、交渉、条約」によって国家を対外的な関係の中で考察する課題が未解決のまま残されている、という記述が、『社会契約論』第四編第九章、『エミール』第五編にも認められる。しかし、この作品は、ルソーの生前に公にされることはなかった。死後に友人たちの手によって編纂された全集にも収められることはなかった。本作品は、わずかばかりの「断片」を残して散逸したのだと長らく考えられていた。すなわち、ヌーシャテル図書館に保管されている「断片」（一八九六年に公刊）と、ジュネーヴ図書館に保管されている「断片」（一九六七年に発見）である。ところが、両者を詳しく検討したB・ベルナルディを中心とする研究グループは、これらはもともと一体の草稿だったものが分かたれ、しかも研究者の手によって順番を入れ換えられて頁番号がふられたために「断片」として扱われてきたのだとして、両者を統合して草稿を復元した。そこには削除や修正といった推敲のあとが認められ、清書とはいえないものの、比較的完成度が高いものであると評価された。ベルナルディらは、この草稿は二部構成で構想されていた『戦争法原理』第一部に相当するもので、『社会契約論』の初稿として知られる「ジュネーヴ草稿」とほぼ同じ頃（一七五六年）に執筆されたものだと推測している。

一七五七年には、オーストリアとプロイセンの争いから七年戦争が始まり、前者と同盟したフランス、ロシア、後者と同盟を結んだ英国が戦いに加わり、さらにヨーロッパの外では植民地をめぐる英国とフランスの争いが激しくなっていった。もとより、戦乱と無秩序をいかに克服するかという問題は、近代政治思想が正面から向き合った中心的な課題のひとつであった。この課題は、ひとつの国の内に秩序ある統治を確立するとともに、複数の国家の関係においても秩序を維持するという、二重の困難を含んでいる。法にかなった正当な戦争と正当でない戦争とを区別することで、戦争を可能な限り制限しようという試みは、ローマ法の研究とキリスト教の教父哲学を基盤としながら、十六世紀を通じてねりあげられ、グロティウスの『戦争法と平和法』（一六二五年）によって、自然法に基づいた実定法の力で戦争を制限する議論として、ひとつの理論的完成を見た。「戦争法」は、ルソーの時代にあって、ひとつの学問領域として独立した伝統をもっていたのであり、本作品も、この伝統の中に位置づけて読む必要がある。

本訳書では、ベルナルディらによって復元されたテクスト（ヴラン社、二〇〇八年）を底本として用いた。異文については日本語訳では不要と判断して、省略した。復元された『戦争法原理』の日本語訳としては、本書がはじめてのものとなるかもしれない。しかし、先に述べたように、分割され、順番が入れ換えられたために「断片」とされたままの形としては、『ルソー全集』第四巻（白水社、一九七八年）に宮治弘之氏の訳が収められており、学ぶところが少なくなかった。宮治氏の訳と本訳書を比べてみるならば、テクストがいかに無残に切り刻まれてしまっていたのかを見てとることができるだろう。

＊

本訳書が講談社学術文庫におさめられるにあたっては、編集担当の互盛央氏に大変お世話になった。原稿のすみずみまでていねいに検討していただき、簡潔で読みやすい訳文へと改善する手がかりを数多く提案いただいた。この場を借りて、心からの謝意を表明いたしたい。もとより、本訳書の不備の責任はもっぱら訳者にある。読者諸氏の厳しいご叱正をお願いしたい。

二〇一六年三月

坂倉裕治

KODANSHA

＊本書は、講談社学術文庫のための新訳です。

ジャン＝ジャック・ルソー
1712–78年。ジュネーヴ生まれ。啓蒙の18世紀に思想家としてのみならず，作家や音楽家としても才能を発揮した。代表作は，本書所収『人間不平等起源論』，『新エロイーズ』，『社会契約論』，『エミール』，『告白』。

坂倉裕治（さかくら　ゆうじ）
1965年生まれ。早稲田大学第一文学部卒業。慶應義塾大学大学院社会学研究科博士課程修了。現在，早稲田大学教授。専門は，教育哲学・フランス思想。主な著書に，『ルソーの教育思想』，『書簡を読む』（共著）。

講談社学術文庫

定価はカバーに表示してあります。

人間《にんげん》不平等《ふびょうどう》起源論《きげんろん》 付《ふ》「戦争法原理《せんそうほうげんり》」

ジャン＝ジャック・ルソー

坂倉裕治《さかくらゆうじ》 訳

2016年6月10日　第1刷発行
2025年1月16日　第5刷発行

発行者　篠木和久
発行所　株式会社講談社
東京都文京区音羽2-12-21　〒112-8001
電話　編集（03）5395-3512
販売（03）5395-5817
業務（03）5395-3615

装　幀　蟹江征治
印　刷　株式会社広済堂ネクスト
製　本　株式会社国宝社
本文データ制作　講談社デジタル製作

© Yuji Sakakura　2016　Printed in Japan

落丁本・乱丁本は，購入書店名を明記のうえ，小社業務宛にお送りください。送料小社負担にてお取替えします。なお，この本についてのお問い合わせは「学術文庫」宛にお願いいたします。
本書のコピー，スキャン，デジタル化等の無断複製は著作権法上での例外を除き禁じられています。本書を代行業者等の第三者に依頼してスキャンやデジタル化することはたとえ個人や家庭内の利用でも著作権法違反です。Ⓡ〈日本複製権センター委託出版物〉

ISBN978-4-06-292367-5

「講談社学術文庫」の刊行に当たって

これは、学術をポケットに入れることをモットーとして生まれた文庫である。学術は少年の心を養い、成年の心を満たす。その学術がポケットにはいる形で、万人のものになることは、生涯教育をうたう現代の理想である。

こうした考え方は、学術を巨大な城のように見る世間の常識に反するかもしれない。また、一部の人たちからは、学術の権威をおとすものと非難されるかもしれない。しかし、それはいずれも学術の新しい在り方を解しないものといわざるをえない。

学術は、まず魔術への挑戦から始まった。やがて、いわゆる常識をつぎつぎに改めていった。学術の権威は、幾百年、幾千年にわたる、苦しい戦いの成果である。こうしてきずきあげられた城が、一見して近づきがたいものにうつるのは、そのためである。しかし、学術の権威を、その形の上だけで判断してはならない。その生成のあとをかえりみれば、その根は常に人々の生活の中にあった。学術が大きな力たりうるのはそのためであって、生活をはなれた学術は、どこにもない。

開かれた社会といわれる現代にとって、これはまったく自明である。生活と学術との間に、もし距離があるとすれば、何をおいてもこれを埋めねばならない。もしこの距離が形の上の迷信からきているとすれば、その迷信をうち破らねばならぬ。

学術文庫は、内外の迷信を打破し、学術のために新しい天地をひらく意図をもって生まれた。文庫という小さい形と、学術という壮大な城とが、完全に両立するためには、なおいくらかの時を必要とするであろう。しかし、学術をポケットにした社会が、人間の生活にとってより豊かな社会であることは、たしかである。そうした社会の実現のために、文庫の世界に新しいジャンルを加えることができれば幸いである。

一九七六年六月　　野間省一

西洋の古典

2509
物質と記憶
アンリ・ベルクソン著／杉山直樹訳
フランスを代表する哲学者の主著——その新訳を第一級の研究者が満を持して送り出す。簡にして要を得た訳者解説を収録した文字どおりの「決定版」である本書は、ベルクソンを読む人の新たな出発点となる。
電P

2519
科学者と世界平和
アルバート・アインシュタイン著／井上　健訳（解説・佐藤優／筒井　泉）
ソビエトの科学者との戦争と平和をめぐる対話「科学者と世界平和」。時空の基本概念から相対性理論の着想、統一場理論への構想まで記した「物理学と実在」。平和と物理学、それぞれに統一理論はあるのか？
電P

2526
中世都市　社会経済史的試論
アンリ・ピレンヌ著／佐々木克巳訳（解説・大月康弘）
「ヨーロッパの生成」を中心テーマに据え、二十世紀を代表する歴史家となったピレンヌ不朽の名著。地中海を囲む古代ローマ世界はゲルマン侵入とイスラーム勢力によっていかなる変容を遂げたのかを活写する。
電P

2561
箴言集
ラ・ロシュフコー著／武藤剛史訳（解説・鹿島　茂）
十七世紀フランスの激動を生き抜いたモラリストが、人間の本性を見事に言い表した「箴言」の数々。鋭敏な人間洞察と強靭な精神、ユーモアに満ちた短文が、自然に読める新訳で、現代の私たちに突き刺さる！
電P

2562・2563
国富論（上）（下）
アダム・スミス著／高　哲男訳
スミスの最重要著作の新訳。「見えざる手」による自由放任を推奨するだけの本ではない。分業、貨幣、利子、貿易、軍備、インフラ整備、税金、公債など、経済の根本問題を問う近代経済学のバイブルである。
電P

2564
ペルシア人の手紙
シャルル＝ルイ・ド・モンテスキュー著／田口卓臣訳
二人のペルシア貴族がヨーロッパを旅してパリに滞在している間、世界各地の知人たちとやり取りした虚構の書簡集。刊行（一七二一年）直後から大反響を巻き起こした異形の書、気鋭の研究者による画期的新訳。
電P

西洋の古典

2566
全体性と無限
エマニュエル・レヴィナス著／藤岡俊博訳

特異な哲学者の燦然と輝く主著、気鋭の研究者による渾身の新訳。二種を数える既訳を凌駕するべく、原書のあらゆる版を参照し、訳語も再検討しながら臨む。次代に受け継がれるスタンダードがここにある。

電P

2568
イマジネール
想像力の現象学的心理学
ジャン＝ポール・サルトル著／澤田　直・水野浩二訳

「イメージ」と「想像力」をめぐる豊饒なる考察――ブランショ、レヴィナス、ロラン・バルト、ドゥルーズなどの幾多の思想家に刺激を与え続けてきた一九四〇年刊の重要著作を第一級の研究者が渾身の新訳！

電P

2569
ルイ・ボナパルトのブリュメール18日
カール・マルクス著／丘沢静也訳

一八四八年の二月革命から三年後のクーデタまでの展開を報告した名著。ジャーナリストとしてのマルクスの舌鋒鋭くもウィットに富んだ筆致を、実力者が達意の日本語にした、これまでになかった新訳。

電P

2570
レイシズム
R・ベネディクト著／阿部大樹訳

レイシズムは科学を装った迷信である。人種の優劣や純粋な民族など、存在しない――ナチスが台頭しファシズムが世界に吹き荒れた一九四〇年代、『菊と刀』で知られるアメリカの文化文類学者が鳴らした警鐘。

電P

2596
イミタチオ・クリスティ
キリストにならいて
トマス・ア・ケンピス著／呉　茂一・永野藤夫訳

十五世紀の修道士が著した本書は、『聖書』についで多くの読者を獲得したと言われる。読み易く的確な論しに満ちた文章が、悩み多き我々に安らぎを与え深い瞑想へと誘う。温かくまた厳しい言葉の数々。

電P

2677
我と汝
マルティン・ブーバー著／野口啓祐訳（解説・佐藤貴史）

経験と利用に覆われた世界の軛から解放されるには、全身全霊をかけて相対する〈なんじ〉と出会わねばならない。その時、わたしは初めて真の〈われ〉となるのだ――。「対話の思想家」が遺した普遍的名著！

電P

《講談社学術文庫　既刊より》

西洋の古典

2700
方法叙説
ルネ・デカルト著／小泉義之訳

われわれは、この新訳を待っていた——デカルトから出発した孤高の研究者が満を持してみずからの原点に再び挑む。『方法序説』という従来の邦題を再検討に付すなど、細部に至るまで行き届いた最良の訳が誕生！

2701
永遠の平和のために
イマヌエル・カント著／丘沢静也訳

哲学者は、現実離れした理想を語るのではなく、目の前の事実から出発していかに「永遠の平和」を実現できるのかを考え、そのための設計図を描いた——従来の邦訳が与えるイメージを一新した問答無用の決定版新訳。

2702
国民とは何か
エルネスト・ルナン著／長谷川一年訳

「国民の存在は日々の人民投票である」という言葉で知られる古典を、初めての文庫版で新訳する。逆説的にもグローバリズムの中で存在感を増している国民国家の本質とは？　世界の行く末を考える上で必携の書！

2703
個性という幻想
ハリー・スタック・サリヴァン著／阿部大樹編訳

対人関係が精神疾患を生み出すメカニズムを解明し、いま注目の精神医学の古典。人種差別、徴兵と戦争、プロパガンダ、国際政治などを論じ、社会科学の中に精神医学を位置づける。本邦初訳の論考を中心に新編集。

2704
人間の条件
ハンナ・アレント著／牧野雅彦訳

「労働」「仕事」「行為」の三分類で知られ、その絡み合いの中で「世界からの疎外」がもたらされるさまを描き出した古典。はてしない科学と技術の進歩の中、人間はいかにして「人間」でありうるのか——待望の新訳！

2749
宗教哲学講義
G・W・F・ヘーゲル著／山﨑　純訳

ドイツ観念論の代表的哲学者ヘーゲル。彼の講義は人気を博し、後世まで語り継がれた。西洋から東洋までの宗教を体系的に講じた一八二七年の講義に、一八三一年の講義の要約を付す。ヘーゲル最晩年の到達点！

《講談社学術文庫　既刊より》

西洋の古典

2750
ゴルギアス
プラトン著／三嶋輝夫訳
練達の訳者が初期対話篇の代表作をついに新訳。代表的なソフィストであるゴルギアスとの弁論術をめぐる対話が展開される中で、「正義」とは何か、「徳」とは何かが問われる。その果てに姿を現す理想の政治家像とは？
電P

2751
ツァラトゥストラはこう言った
フリードリヒ・ニーチェ著／森　一郎訳
ニーチェ畢生の書にして、ドイツ屈指の文学作品である本書は、永遠回帰、力への意志、そして超人思想に至る過程を克明に描き出す唯一無二の物語。「声に出して読める日本語」で第一人者が完成させた渾身の新訳！
電P

2752・2753
変身物語（上）（下）
オウィディウス著／大西英文訳
ウェルギリウス『アエネイス』と並ぶ古代ローマ黄金時代の頂点をなす不滅の金字塔。あらゆる領域で後世に決定的な影響を与え、今も素材として参照され続けている大著、最良の訳者による待望久しい文庫版新訳！
電P

2754
音楽教程
ボエティウス著／伊藤友計訳
音楽はいかに多大な影響を人間に与えるのか。音程と旋律、オクターヴ、協和と不協和など、音を数比の問題として捉えて分析・体系化した西洋音楽の理論的基盤。六世紀ローマで誕生した必須古典、ついに本邦初訳！
電P

2755
知性改善論
バールーフ・デ・スピノザ著／秋保　亘訳
本書をもって、青年は「哲学者」になった。デカルトやベーコンなど先人の思想と格闘し、独自の思想を提示した本書は、主著『エチカ』を予告している。気鋭の研究者が最新の研究成果を盛り込みつつ新訳を完成した。
電P

2777
天球回転論　付　レティクス『第一解説』
ニコラウス・コペルニクス著／高橋憲一訳
一四〇〇年続いた知を覆した地動説。ガリレオ、ニュートンに至る科学革命はここに始まる――。地動説を初めて世に知らしめた弟子レティクスの『第一解説』の本邦初訳を収録。文字通り世界を動かした書物の核心。
電P